企业内部控制

案例分析

全流程风险识别、防范与应对思路

李慧强 ◎ 著

人民邮电出版社

北 京

图书在版编目（ＣＩＰ）数据

企业内部控制案例分析：全流程风险识别、防范与
应对思路 / 李慧强著. -- 北京：人民邮电出版社，
2023.10
ISBN 978-7-115-59550-8

Ⅰ. ①企… Ⅱ. ①李… Ⅲ. ①企业内部管理—案例—
研究 Ⅳ. ①F272.3

中国版本图书馆CIP数据核字(2022)第116292号

内 容 提 要

随着国家治理体系现代化的深入推进，企业内部控制理论与实践也在逐渐成熟。为符合外部监管要求、加强自身管理，越来越多的企业家及其他社会公众了解内部控制、掌握内部控制知识的意愿也在不断上升。

本书依托《企业内部控制应用指引》的结构而设计，凝结了作者对40余个项目的咨询经验及对近百家企业调研成果的思考与总结，从三个层次递进地解读内部控制实务知识与经典案例。第1篇为第1—5章，是企业内部控制环境部分，包括组织架构、发展战略、人力资源、社会责任、企业文化等内容。第2篇为第6—8章，是企业内部控制活动部分，详述了资金活动、采购业务、资产管理这些实务环节的有力做法。第3篇为第9、10章，是企业内部控制方法部分，包括财务报告、信息系统等内容，能更好地夯实读者对内部控制体系的认知。

本书既可作为内部控制从业者的实务工具书，也可作为管理者及其他社会公众学习内部控制的参考读物。

◆ 著　　　　李慧强
责任编辑　刘　姿
责任印制　周昇亮

◆ 人民邮电出版社出版发行　　北京市丰台区成寿寺路 11 号
邮编　100164　电子邮件　315@ptpress.com.cn
网址　https://www.ptpress.com.cn
天津千鹤文化传播有限公司印刷

◆ 开本：700×1000　1/16
印张：16.5　　　　　　　2023 年 10 月第 1 版
字数：213 千字　　　　　2023 年 10 月天津第 1 次印刷

定价：79.80 元

读者服务热线：(010)81055296　印装质量热线：(010)81055316
反盗版热线：(010)81055315
广告经营许可证：京东市监广登字 20170147 号

内部控制最早出现于 20 世纪 40 年代的美国，但内部控制在中美所指却不同，前者主要指业务控制，后者则更多地指会计控制。进行内部控制是内外因并发的结果，其中，内因是想传承好家族企业，或者提升企业的治理档次，比如中小企业对于内部控制的内在需要是在增加的。而监管仍是内部控制的第一推动力。

一、内部控制是什么

内部控制对不同的人有不同的含义，这一概念在商业人士、法律人士、监管人员以及其他人士之间容易引起混淆。从源头上说，内部控制是针对企业管理层的需要而出现的。在我国的语境下，内部控制更多地是一个与监管相连的概念，即相对于监管，企业内部的管理不管如何称谓，都属于内部控制。

1. 以美国为代表的内部控制重在会计控制。

英文"Control"不仅指控制，还有管理、核实、检验、限制、支配、监督、指导等含义。从源头上看，内部控制（Internal Control）作为一个专业术语，首先出现在 20 世纪 40 年代美国会计师协会发布的财务报表的审查报告中。而后，在 1949 年，也是在美国会计师行业的专题报告中首次正式出现了对内部控制的定义，这说明内部控制从根上说是一个以财务报表为核心的会计控制，由此这也成为美国内部控制的特点。

随着企业治理结构的完善以及信息技术的迅速发展，1992 年，由美国注册会计师协会、美国会计协会、财务经理人协会、内部审计师协会、美国管理会计师协会等财务领域的机构联合创建的反欺诈财务报告委员会发起组织委员会（The Committee of Sponsoring Organizations of the Treadway Commission，简称 COSO）公布了《内部控制——整体框架》的研究报告，增加了与保障资产安全有关的控制，提出内部控制五要素，即控制环境、监督、风险评估、信息与沟通、控制活动，扩大了内部控制的涵盖范围，这成为全球普遍适用的基本框架，而内部控制的目标有三类，即：运营的效率效果，财务报告的可靠性，相关法律、法规的遵循性。整体来看，内部控制五要素和内部控制三目标指向的也是 COSO 的宗旨，即探讨财务报告中舞弊产生的原因及解决之道。

2001 年 12 月，美国最大的能源公司——安然公司突然向纽约法院申请破产保护，2002 年 6 月，世界通信又爆出会计丑闻，这两个事件对内部控制发展产生了重大影响，极大推动了内部控制理论和实践的发展，特别是后者直接导致了《2002 年公众公司会计改革和投资者保护法案》（即《萨班斯—奥克斯利法案》，简称为 SOX）的出台。SOX 对在美国上市的公司的财务报告、财务披露都提出了严格的要求，也带动了欧美等国家从立法角度强化企业内部控制建设的责任，目的是保证财务数据的真实性和可靠性。

2. 我国的内部控制重在业务控制。

从我国的情况看，内部控制规定开始的标志是 1985 年颁布的《中华人民共和国会计法》，早期重在会计控制，但使用范围及影响较为有限。2005 年"中航油事件"后，随着《中央企业全面风险管理指引》的颁布，中央企业开始重视并加强内部控制建设。2006 年，受国务院委托，由财政部牵头，联合国资委、证监会、审计署、银监会、保监会发起成立了企业内部控制标准委员会，为构建我国企业内部控制标准体系提供组织和机制保障。2008 年 5 月，财政部、审计署、证监会、银监会、保监会联合发布了《企业内部控制基本规范》（财会〔2008〕7 号），本文件自 2009 年 7 月 1 日起执行，执行范围为在我国境内设立的大中型企业（包括上市公司）。同时，本文件鼓励小企业和其他单位参照其内容，建立与实施内部控制。2010 年 4 月，财政部、证监会、审计署、银监会及保监会联合发布了《企业内部控制应用指引》、《企业内部控制评价指引》和《企业内部控制审计指引》，这是对《企业内部控制基本规范》的细化。其中《企业内部控制应用指引》从组织架构、发展战略、人力资源、社会责任、企业文化到财务报告等 18 项主要业务对企业经营管理不同方面提出了明确的内部控制要求。整体目标是五个方面，即合理保证企业经营管理合法合规、资产安全、财务报告及相关信息真实完整、提高经营效率和效果、促进企业实现发展战略。和美国内部控制以会计控制为核心不同的是，我国的目标定位从会计控制转向了具体的业务实践控制。

3. 美国内部控制的定义强调过程。

COSO 强调内部控制是一个过程（Process），并且进一步将其解释为"政策及流程手册、系统和表单（policy and procedure manuals, systems, and forms）"。COSO《内部控制整合框架》强调"确定目标"是"内部控制的前提条件"，而不属于内部控制本身。由此来看，COSO 为内部控制确定的目标是希望通过优化过程来保障目标的实现。

4. 我国内部控制的定义强调过程和目标。

我国财政部、证监会等五部委联合发布的《企业内部控制基本规范》在内部控制的概念上沿用了 COSO 的定义，认为内部控制是由企业董事会、监事会、经理层和全体员工实施的、旨在实现控制目标的过程。而《行政事业单位内部控制规范（试行）》所指的内部控制是单位为实现控制目标，通过制定制度、实施措施和执行程序，对经济活动的风险进行防范和管控，这说明内部控制是需要嵌入制度、措施和程序中去的。这些说明我国强调的内部控制是将"促进企业（或单位）实现发展战略"作为内控目标，这同COSO强调"确定目标"不属于内部控制本身的说法不同。

换句话说，我国的内部控制既解决流程问题，也解决目标问题，这与源自海外的内部控制不同，是中外内部控制理论在理念和表达上的不同。COSO内部控制框架中包含的五要素是工业革命之后，在企业里形成的科学管理体系基础上的提炼总结，而我国很多企业缺少这个基础和过程，如果用同一个"内部控制"概念去分析解释或试图解决内部控制实务中的问题，会导致混乱。

5. 美国的风险管理大于内部控制。

2004年9月，COSO发布《企业风险管理——整合框架》（Eneterprise Risk Management Intergrated Framework，简称ERM框架），指出全面风险管理是一个过程，受企业董事会、经理层和其他员工影响，包括内部控制及其在战略管理和整个公司活动中的应用，旨在为实现经营的效率和效果、财务报告的可靠性以及相关法规的遵循提供合理保证。

1992年COSO《内部控制——整合框架》认为风险管理是内部控制中一部分，但在2004年COSO《企业风险管理——整合框架》中，风险管理的概念比内部控制涵盖的范围却更广了，风险管理不仅详细解释了内部控制，还从战略层面关注风险治理，内部控制是风险管理不可分割的重要组成部分。内部控制更加关注采取具体措施降低风险，以保证企业目标的实现。

6. 我国的内部控制大于风险管理。

在2006年中央企业推行风险管理时，内部控制作为其中的一个组成部分而存在。经过多年的实务探索，大多数从业者都认可内部控制是企业风险管理中的一部分。但从2013年起，各中央企业需要在每年单独报送一份风险报告和内控评价报告给国资委不同的部门。这意味着风险控制和内部控制由此成为两个独立的存在。这让管理者和内控从业者都大感疑惑。

我国《企业内部控制基本规范》认为内部控制的范畴大于风险管理，风险的识别、分析和应对是内部控制的一个组成要素，即风险评估。内部控制的目标是防范和控制风险，促进企业实现发展战略；风险管理的目标也是促进实现发展战略，两者都要求将风险控制在可承受的范围之内。两者不是对立的，而是协调统一的整体。

2019 年 11 月，国务院国资委发布《关于加强中央企业内部控制体系建设与监督工作的实施意见》，明确要求内部控制建设要以风险管理为导向、合规监督为重点，形成内部控制、风险和合规三位一体的全面风险防控体系。

7. 我国的内部控制与风控、内审和纪检等的联系和区别。

风控全称风险控制，也称风险管理，风控侧重的是做出决策时是否综合考虑了未来的各种情景对业务活动本身和生产运营的影响，而形成了最佳计划和安排。

内部控制侧重的是业务程序和流程中的关键控制点是否被设计全面并有效执行。做出决策之后，内控需要合理保障整个业务实施的控制和效率，与决策时考虑到的部分风险进行前后呼应。

合规关注的是业务工作是否符合了相关外部的法律法规要求，以及是否遵循了内部制度的规定。对于外部相关方来说，合规还需要关注供应商本身的合规情况，如诚信情况、是否上黑名单、是否被制裁等，以及可能诱使我方出现合规问题的情形，内控的实施目标之一就是要达到合规。

法务重点关注法律风险，有的企业会把法务和合规放在一个部门，但两者存在细微不同。合规主要是管理边界性风险，而法务需要管理的是综合性风险，是用法律的语言在达到目标时，最大限度地保护自身利益，确保各种情形下的风险可控。

　　审计关注的是整个业务过程中相关制度是否健全、适当，并被有效执行，业务部门和业务管理、控制部门是否恰当履行了职责。

　　监察（纪检）的目标性比较明确，主要针对的是整个业务过程中人的要素，比如廉洁风险等。

　　上述之间既有不同侧重点、又有协同效应，但针对的对象都是同一类业务的风险。

　　如果从外部监管的角度看，风控、内控、合规、法务、审计和监察（纪检）都是内控的重要组成部分，相对于外部监管，这些是企业内部管理的问题，由此，内部控制升华为类同企业管理的概念。对内部控制从业人员乃至普通人来说，这种视角转换上的差异，是看清当下诸多问题背后的关键点。

二、为什么要有内部控制

　　内部控制的定义被设计得宽泛，是因为它具有普适性，适用于任何类别、任何行业或地区的任何组织，对企业经营活动提供了基本的概念支撑。但内部控制作为一种规范与企业经营活动的内部监督，有其局限性。所以，内部控制虽然或多或少一直存在，但被重视更多是外部监管推动的结果。当下参与或关注内部控制的原因，除了外部监管和合规的要求外，也有内部推动，比如企业想对企业管理有所作为、家族企业想长期传承家业、广大中小企业想降调成本、维持基本生存的需要等。

　　1. 内部控制思想自古有之，表明人类社会存在需要外力完善之处。

　　内部控制思想早已有之，如 5 600 多年前美索不达米亚文化时期就有内部牵制的实践活动，古埃及国库支付的"三官牵制"，古希腊"官员任前、任中、卸任审查"，古罗马"双人记账制度"，中国西周出纳工作分为"职内、职岁、职币"等都是内部牵制的具体实践形式，为的是对付不同文明、不同处境下的实际问题。15世纪意大利的复式记账法，要求一笔交易要同时在两个账簿中记录，这标志着内部牵制在走向成熟。

18世纪产业革命后，公司制企业开始出现，公司内部稽核制度逐渐流行。20世纪初期，股份制公司的规模不断扩大，企业组织形式、发展规模和利益格局的变化，促使利益相关方开始探索制约企业生产经营活动的方法。

1912年，蒙哥马利在《审计：理论与实践》一书中提出了"内部牵制"理论，认为"两个或两个以上的个人或部门无意识地犯同样错误的可能性很小；两个或两个以上的个人或部门有意识地串通舞弊的可能性大大低于单独一个人或部门舞弊的可能性"，因此，内部牵制"要求在经营管理中凡涉及财产物资和货币资金的收付、结算及其登记工作，应当由两个或两个以上的人员来处理，以便彼此牵制、查错防弊"。

内部牵制以不相容职务分离和授权审批控制为标志，至今仍然是控制活动的思想精髓。所谓不相容职务，是必须予以分离的职务，如授权批准、业务经办、会计记录、财产保管和稽核检查。

内部控制在近代的美国出现，主要是会计师协会为了防止会计舞弊的行业自律。归根结底是为了对付人性中的不完美。内部控制在实践中产生并不断发展。

2. 内部控制在现代被重视的原因是出现重大财务舞弊事件。

内部控制作为一种管理手段，被现代社会的管理者重视且广受关注的原因是标志性财务舞弊事件的发生。在美国，标志性的财务舞弊事件是2001年的安然事件和2002年的世通事件，这也让欧美等国家相继颁布了法规，从立法角度强化了企业内部控制建设的责任。在我国，标志性的财务舞弊事件是2005年"中航油事件"，这引起了国资委在央企范围里重视了风险管理工作，带动促使国内财政部等五部委的内部控制指引同台。

3. 外部监管是内部控制及其建设的主要动力。

行业协会的自律以及政府监管法规，是我们认识内部控制的重要推动力量。也是内部控制在当下在我国被重视的重要原因。此部分重要，其后单独列出。

4. 对内部控制及其建设有迫切需要的几类群体。

关注内部控制的主要原因是"有需要"，不管这个需要是来自外界还是内在。从外界来说，主要指要应对法律制度或监管要求，且主要针对的是上市企业，特别是海外上市企业，国有企业、银行、保险公司等；从内在来看，主要针对的是民营企业，特别是要 IPO 的企业，以及要家族传承的企业，也针对想通过内部控制提升企业经营管理层次的管理者。

我国企业应当在了解自身管理水平、管理基础、所处行业特点等基础上，结合自身状况及法规要求，相应地完善内部控制管理。大部分上市公司要从基本的规章制度做起，不要急于求成。只有内部控制做好了，才能帮助企业形成一种良好的企业文化，也才能为企业在日后推行全面的内部管理奠定坚实的基础。

对专业人士及相关从业人员来说，这是谋生的饭碗，是生存的基本需要。

对普通大众来说，是蹭热点。在碎片化阅读的时代，了解内部控制这个概念，其背后指的是在不同的案例中，能站在前人的肩膀上了解内部控制之美，在案例中品读人生百味，于无形中内化为自身的阅读体会和知识财富。

5. 新冠疫情后的特殊需要。

在疫情冲击下，不少中小企业更加关注内部控制，因为在开源有限的情况下，需要实施的是节流省钱、降低成本的压力。企业作为盈利性组织，是以挣钱为目标的。企业想盈利就要做好开源节流，开源是经营，节流是管理。在新冠疫情之后，资金的需求相对更大，在业务营收降低的情况下，需要倒逼企业进行内部控制管理，所以重视内部控制不是跟随潮流，而是生存的需要。

三、内控与监管的关系

作为一种流传久远的思想，内部控制的出现为的是对付人性中的不完美，在实践中产生。21世纪初期的安然事件、世通事件相继发生后，欧美等国家相继颁布了法规，从立法角度强化了企业内部控制建设的责任。"中航油事件"后，我国企业内部控制建设进入新时期。这说明内部控制从思想到实践是外力推动的结果。当下参与或关注内部控制的原因，除外部监管和合规的要求外，也有内部推动，相对而言，外力推动是产生内部控制的第一动力。

1. 内部控制治理机制逻辑。

控制论认为内部控制是一种自我完善机制。内部控制必须"内化"，强调的是"内"，不是"外"。单位或组织内部最了解情况，最清楚如何控制，最能够控制虚假业务的发生。要重点做好管理制度化、制度流程化和流程信息化三件事。其中，流程是借鉴计算机软件设计中的方法论，使工作程序化、标准化、系统化。内部控制由于更强调内部，所以在注重共性的同时，要因地制宜，实行差异化管理。

制衡是内部控制的核心理念。在企业组织关系中，发起设立时会形成平等的契约关系，由此形成内部控制的本质是制衡，而制衡只发生在权力平等的场合，或者只有在一个平行层次的不同权利主体之间才可能发生制衡。不同权力层次的不同主体之间不存在相互制衡的可能。若在一个平行层次的不同权利主体之间不发生侵害他方利益的行为时，制衡同样也不需要。

内部控制通过不相容职务分离、授权批准控制等方法达到相互制衡的目的。其基本假设是：两个人有意识地犯同样错误的概率要远少于一个人；两个人有意识地合伙舞弊的可能性要远少于一个人。

2. 责任配置。

COSO 提出内部控制五要素——内部环境、风险评估、控制活动、信息与沟通和内部监督是公认的分析框架。其中，内部环境提供了内部控制的基本规则和构架，决定了企业的基调，直接影响企业员工的控制意识，是其他四要素的基础。

要进行有效地内部控制，必须要有明确的职责划分，使各部门、岗位和员工都各负其责、相互制约。责任的分配和授权依附于企业组织结构的构建。按照财政部《企业内部控制基本规范》在内部环境中的相关规定，董事会负责内部控制的建立健全和有效实施。监事会对董事会建立与实施内部控制进行监督。经理层负责组织领导企业内部控制的日常运行。企业专门机构或者指定适当的机构具体负责组织协调内部控制的建立实施及日常工作。董事会下设立审计委员会，负责审查企业内部控制、监督内部控制的有效实施和内部控制自我评价情况、协调内部控制审计及其他相关事宜等。

3. 外部监管的必要性。

从马克斯·韦伯的科层制理论看，科层体系中决策人与执行人的关系表现为委托代理关系。由于代理人具有机会主义行为，委托人与代理人目标不一致，又存在信息不对称的可能，从而产生逆向选择和道德风险。逆向选择会造成资源配置扭曲的现象，道德风险则会将成本转嫁给别人。信息不对称及其后果是内部控制要解决的核心问题。因此必须通过外部监管防止问题发生。

不是做了内部控制就可以确保企业的成功，而是做了内部控制能确保企业实现基本经营目标，至少能保证企业的生存。

COSO 报告认为内部控制制度，无论在设计、运行上多么理想，都只能就企业目标的实现向管理层和董事会提供合理的，而非绝对的保证。经营目标的实现，受到任何内部控制系统都具有的固有局限性的影响。内部控制系统的内在有限性包括决策判断可能失误，简单的错误可能导致大纰漏。另外，控制可能因为两个以上的人的相互勾结而趋于无效，而经理层有超越内部控制系统的权力。还有一个局限就是内部控制系统的设计必须反映以下事实，即出于资源有限性的考虑，内部控制必须考虑成本收益的匹配。因此，尽管内部控制有助于企业实现其目标，但它并非万能药。也就是说，内部控制存在局限性。即使内部控制系统设计良好并且能彻底执行，也可能由于不完美的人性、集中与分权的矛盾等原因，会被管理者破坏，或遭到员工抵制，或因高昂的控制成本无以为继。

因此，企业的内部控制需要外部监管。

4. 制衡与监管的关系。

制衡和监管之间有着天然的关系，监管的效率往往受制于制衡的有效性。企业各主体之间相互制衡，可使得侵蚀行为减少，从而减少监管的必要性。而不同主体内部的相互制衡，也会减少不同主体内部各成员侵蚀其他成员的行为，从而减少监管的必要性。

制衡和监管的不同特征决定了不同的分工。通常，当企业内部各分工主体的利益受损时，应以制衡的方式形成内部控制，而涉及企业不同层次主体确定的责任目标不被实现时，应以监管的方式形成内部控制。监管是第三方对利益双方所进行的约束，而制衡是利益双方之间的博弈。

系统论将环境对企业的影响称为企业外部控制，而将企业内部机制称为组织内的控制。从现有法律中涉及到内部控制的内容看，我国内部控制正由自愿性逐渐过渡到强制性。

随着形势的发展，国家对包括企业在内的各个主体的管理力度在不断加强，特别是随着国家治理体系现代化的深入推进，为符合外部监管要求、加强自身管理等，越来越多的企业家、社会公众了解内部控制、掌握内部控制的意愿都在不断上升。若是从外部监管的角度看，大体上可以说企业（或单位）内控、风控、纪检及党建等都是企业内部的重要组成部分。这个概念基本上可以等同企业（或单位）管理。

如果内部控制成为企业自身的管理，那么，企业要做的其实是做好自己的本分，而不需要在意太多外界的不同称谓。企业现有管理体系的设计、运行以及要遵循的相关国家标准或行业标准，就是内部控制的原则和要求。

但是在实际工作中，有些企业不顾实际，简单照搬内部控制应用指引的规定，没有考虑企业的真实处境，为控制而控制，出现控制过度或控制冗余的情况；或者企业经营管理部门对内部控制是什么、为什么要做并不清楚，其内部控制动力更多是为了应对外界监管，这就导致企业以各种借口将真正有利于企业生存发展的内部控制拒之门外。

不论哪种企业，不论企业处在怎样的阶段，能体会到内部控制对企业具有强大的保驾护航作用是最好的，但是暂时不能体会也行，只要明白做内部控制就是认真做企业管理就行，这属于企业能在这个时代良性生存、发展的认知性问题。如果企业家能抓住时代的红利和市场的机会生存了下来，也应该在接下来的经营中保持对经营风险的谦卑心态，这才能将企业继续发展壮大。

目录

第1篇
企业内部控制环境部分

第 2 篇
企业内部控制活动部分

第 3 篇
企业内部控制方法部分

第 1 篇

企业内部控制环境部分

第 1 章 | 组织架构

　　企业内部环境是企业实施内部控制（简称为"内控"）的基础，一般包括组织架构、发展战略、人力资源、社会责任和企业文化五个部分。其中，组织架构是内部环境控制的核心。

　　本章的主题是理解企业内部控制中的组织架构，了解并关注企业治理结构、内部机构等层面的相关风险。组织架构是指企业按照国家有关法律法规、股东（大）会决议、企业章程，结合本企业实际，明确董事会、监事会、经理层和企业内部各层级机构设置、职责权限、人员编制、工作程序和相关要求的制度安排。组织架构是每一个现代企业首要考虑的问题，也是现代企业制度关注的核心问题。

　　通过阅读本章内容，读者将对企业的组织架构设计和运行有一个整体认识，初步了解应对组织架构风险的相关方法，学习如何加强组织架构方面的风险管理，为企业实现发展战略、优化治理结构、管理体制和运行机制以及建立现代企业制度奠定基础。

1.1 中航油（新加坡）公司：按国际惯例设计的组织架构

本案例围绕企业组织架构设计的主要风险展开，规避治理结构中的风险，对企业有根本性和长远性的影响。而做好内部机构的设计工作，则可以将治理结构的设计落到实处。

1.1.1 案例导读

中国航油（新加坡）股份有限公司（简称"CAO"）1993 年 5 月在新加坡注册成立，由中央直属大型国企中国航空油料集团公司（简称"CNAF"）等中外公司共同创立。1995 年 CNAF 收购其他合资伙伴的股权，CAO 成为 CNAF 外国全资子公司。

CAO 成立初期业务范围较小，经营长期处于亏损状态。1997 年 CNAF 派出陈久霖担任总经理。当时 CAO 包括总经理只有两人，在陈久霖的带领下，CAO 从船务经纪业务转型为以航油采购为主的贸易公司，再从贸易公司转型为工贸结合型、实业与贸易互补型的实体企业。CAO 也从账面资金仅 49.2 万新加坡元（以下简称"新元"）的小公司，发展成为注册资金 6 000 万新元、年营业额 15.5 亿新元的航油贸易枢纽，并于 2001 年在新加坡挂牌上市，成为我国首家利用外国自有资产在外国上市的中资企业。

随着企业规模的扩大，CAO 聘请安永会计师事务所（Ernst & Young）制定国际石油公司通行的风险管理制度，并接受新加坡证监会的严格监管。为强化风险控制，CAO 采用"三级防御机制"，分别由贸易人员、风险管理委员会和内部审计部进行逐级防控，努力确保经营安全可控。

2002 年，CAO 作为唯一入选的中资公司，被新加坡证券投资者协会评选为该年度新加坡"透明度最高的 56 家企业"之一，2003 年被美国应用贸易系统（ATS）机构评选为亚太地区"最具独特性、成长最快和最有效率的石油公司"，2004 年进入标准普尔中国海内外上市企业第 40 位。其经验被列入新加坡国立大学 MBA 教学案例，成为首家被列入外国知名学府教学案例的外国中资企业。CAO 还被我国重要期刊誉为对外开放战略中的一个"过河尖兵"。

2004 年，CAO 因从事石油衍生品期权交易而亏损 5.5 亿美元，被迫向新加坡法院申请破产保护，最后发布公告申请停牌重组，此为著名的中航油事件。中航油事件后，CAO 由 CNAF 和全球石油巨头 BP（英国石油公司）集团的子公司 BP 投资亚洲有限公司分别持有 51% 和 20% 的股份。目前 CAO 是亚太地区最大的航油实货贸易商以及中国民航业最主要的航油进口商，上榜 2020 年《财富》中国 500 强企业，排名 75。

1.1.2 问题聚焦

1. **组织架构与发展战略**。组织架构的本质是为了实现企业战略目标而进行的分工与协作的安排，即战略决定架构，任何有关架构的工作都必须从目标和战略出发。组织架构是战略实施的载体，企业在不同发展的阶段有不同的目标战略，组织架构要进行相应的变革去适应这种变化。组织架构形式包括直线制、矩阵制、事业部制等。现代企业强调以客户需求为导向，利用先进的信息技术等管理手段，建立全新的过程型组织架构，从而实现提质增效。无论采取哪种形式，只要能提高企业运营效率，实现企业战略目标，增强企业对外竞争力，就是合适的组织架构。

案例中 CAO 的组织架构建设是否成功，可能存在的风险有哪些？

2. **组织架构与企业内部控制建设。**现代企业需要通过所有者与经营者之间责、权、利的分配和制衡做出相应的制度安排，这种制度安排的核心是利益相关者的分配机制。组织架构是企业内部环境的有机组成部分，也是企业开展风险评估、实施控制活动、促进信息沟通、强化内部监督的基础设施和平台载体。一个科学高效、分工制衡的组织架构，可以使企业自上而下地对风险进行识别和分析，进而采取有效措施予以控制，可以促进信息在企业内部各层级之间、企业与外部利益相关者之间及时、准确、顺畅地传递，可以提升日常监督和定期评估的力度和效能。因此，建立和完善组织架构是强化企业内部控制建设的重要支撑，是有效防范和化解各种舞弊风险的切实手段。

案例中 CAO 组织架构的建设是否与内部控制建设形成合力，可能存在的问题是什么？

3. **组织架构之治理结构设计一般要求。**治理结构是企业治理层面的组织架构，一般主要指内部治理结构，可以理解为所有者与经营者之间法律关系的界定。治理结构在企业内部控制的组织架构中居于基础地位，也可以发挥顶层设计的优势，对企业产生根本性和长远性的影响。资本市场、产品市场等外部市场的竞争，对企业内部治理结构的机制也会形成反作用力。组织架构内部控制的核心是完善企业治理结构、管理体制和运行机制等问题。公司法人治理结构是一种以法制为基础的公司管理方式，企业应当根据《中华人民共和国公司法》（以下简称《公司法》）等相关法律法规的要求，按照决策机构、执行机构和监督机构三者之间相互独立、权责明确、相互制衡的原则，明确董事会、监事会和经理层的职责权限、任职条件、议事规则和工作程序等。

案例中的 CAO 按照国际惯例设计的治理结构是否符合企业治理结构设计的一般要求，特别是是否体现了制衡的要求？可能存在的风险和问题是什么？

4. 上市公司治理结构设计的特殊要求。上市公司治理结构设计的特殊要求是相对企业治理结构设计的一般要求而言的，其特殊之处主要表现在建立独立董事制度，以及设立审计委员会、薪酬与考核委员会等董事会专门委员会和董事会秘书等方面。

案例中，CAO 作为外国上市公司是否要遵守上述要求，如何判断？

5. 国有独资企业治理结构设计的特殊要求。国有独资企业（enterprise solely funded by the State）全部资产归国家所有，国家依照所有权和经营权分离的原则授予企业经营管理。国有独资企业依法取得法人资格，实行自主经营、自负盈亏、独立核算，以国家授予其经营管理的财产承担民事责任。国有独资企业的产权结构较为独特，由政府代表全体人民行使国有资产的监管权。国有独资企业治理结构设计的特殊要求也是相对企业治理结构设计一般要求而言的。因此，国有独资企业除了要遵守企业治理结构设计的一般规定外，还有其特色，包括国有资产监督管理机构代行股东（大）会职权、国有独资企业监事会成员由国有资产监督管理机构委派等。但是，监事会成员中的职工代表要由公司职工代表大会选举产生，而外部董事则由国有资产监督管理机构提名推荐，选择公司以外的人员担任等。

案例中， CAO 是否遵守了上述国有独资企业关于治理结构设计的特殊要求，如何判断？

6. 对集团公司的要求。集团公司对子公司的控制，一直是企业集团层面关注的重要问题。集团公司应当建立科学的管理制度，履行出资人职责、维护出资人权益。

案例中，作为 CAO 母公司的 CNAF，对子公司控制方面的主要做法是什么？如何评价？

7. 对内部机构设计的一般要求。内部机构作为企业管理层面的组织架构，在一定程度上决定了治理结构实现的范围和程度。只有切合企业经营业务特点和内部控制要求的内部机构，才能为实现企业发展目标发挥积极促进作用。在内部机构的设计过程中，企业应当注意制度建设的稳定性和清晰化，使不同层次的管理人员及员工能了解和掌握组织架构设计，以及权责分配情况，正确履行职责。同时，内部机构的设计也要体现不相容岗位相分离原则，努力识别出不相容的职务。因机构人员较少且业务简单而无法分离处理某些不相容职务时，企业应当制定切实可行的替代控制措施；同时，应当建立权限指引和授权机制，使不同层级的员工知道该如何开展工作并承担相应的责任，也利于事后考核评价。

从案例中看，CAO 如何处理初期发展员工较少、业务较简单与相互制衡之间的关系，其中可能存在的风险是什么？

8. 对"三重一大"制度的特殊考虑。"三重一大"制度是指"重大决策、重大事项、重要人事任免及大额资金使用"制度，最早源于 1996 年第十四届中央纪委第六次全会公报，对党员领导干部在政治纪律方面提出的四条要求的第二条纪律要求。在上市公司和其他企业发生的重大经济案件中，有不少都牵涉到"三重一大"问题。按照企业内部控制的相关要求，"三重一大"问题应当按照规定的权限和程序实行集体决策审批或者联签制度。任何个人不得单独进行决策或者擅自改变集体决策意见，具体标准由企业自行确定。

随着业务的发展，CAO 是否存在个人单独进行决策或者擅自改变集体决策意见等情况？如何判断？

1.1.3 问题应对思路与问题解决

1. 组织架构与发展战略。案例中 CAO 的组织架构建设是否成功，可能存在的风险有哪些？

从解决思路上看，判断组织架构建设是否成功的标准，是组织架构的形式是否实现了企业发展战略。因此，需要分析 CAO 在企业成长发展的不同时期，其组织架构是否适应了企业战略的发展变化。如果符合就是成功的，不符合就是失败的。当然，任何一种组织架构形式都不是完美的，都存在优缺点，其缺点即其可能存在的风险。

从解决对策上看，CAO 成立初期主要从事船务经纪业务，后因经营不佳，长期处于亏损和休眠状态。1997 年新的领导团队接手时，包括总经理只有两人，处于办公室、资金、专业贸易人员和市场经验均无的状态。组织架构相对简单，即传统的直线制，这是一种最早的也是最简单的组织架构。其特点是企业从上到下实行垂直领导，下属部门只接受一个上级的指令，各级主管负责人对所属单位的一切问题负责。企业无须另设职能机构，一切管理职能基本上都由负责人自己决策执行。比较来看，CAO 的组织架构比一般的直线制组织架构更简单，实行起来效果也更好。

当然，凡事都有两面性。直线制组织架构对负责人的能力要求较强，需要负责人亲自处理各种业务，这适合企业的发展初期，不适合生产经营管理较为复杂的企业。同时，在业务和规模不断增加的情况下，所有管理职能都集中到负责人那里，会导致其不堪重负。此外，当未来企业发展壮大时，负责人这种过强的影响力会影响到企业的正确运转，特别是惯性会使人的影响力左右制度的执行，从而留下风险隐患。

2001 年，随着企业两次战略转型成功，业务和规模逐渐壮大。CAO 聘请安永会计师事务所制定国际石油公司通行的风险管理制度。从组织架构的形式上看，CAO 采取的是职能制组织架构，除主管负责人外，还相应地设立了一些职能机构。如设立风险管理委员会、内部审计委员会等职能机构和人员，协助负责人从事职能管理工作。这时，CAO 的下级管理人员除服从负责人的指挥外，还要接受上级各职能机构的领导。职能制组织架构的优点是能适应现代化企业生产经营管理的复杂性，能充分发挥职能机构的专业管理作用，减轻主要负责人的工作负担。当然，由于不是集中领导和统一指挥，容易出现政出多头的问题。另外，当来自不同领导的指令产生矛盾时，会令执行者无所适从，影响工作的正常进行，导致经营管理秩序混乱。这些问题在 CAO 的战略转型中不同程度地存在。

同时，若职能制组织架构由直线制组织架构发展演变而来，早期负责人的影响力与之叠加，在某种程度上会导致治理结构形同虚设，最终出现影响企业正常经营管理等风险和问题，而这些成为后来出现中航油事件的因素之一。

2. 组织架构与企业内部控制建设。案例中 CAO 组织架构的建设是否与内部控制建设形成合力，可能存在的问题是什么？

从解决思路上看，判断组织架构建设是否与企业内部控制建设形成合力的关键，是看组织架构的建设是否为强化企业内部控制建设提供重要支撑，以及是否有效防范和化解了各种舞弊风险。但是，内部控制对于企业来说"永远在路上"。短暂的成功不能说明企业内部控制永远成功。同样，暂时的失败也不能倒推出企业的内部控制建设永远是失败的。其间，可能存在的问题也与企业内部控制建设的阶段相关，有些是阶段性的，有些则是固有的问题，需要时间慢慢改变。

从解决对策上看，1997 年陈久霖接手 CAO 后，属于"二次创业"，对于一般企业而言，这时组织架构的建设基本属于从零开始。从战略决定结构的原理来看，在这个阶段，企业需要快速的反应能力来保证生存。组织架构越简单越好，内部控制建设同样也以简单为宜，如果过于复杂，就会造成流程割裂、效率低下，影响企业的生存。但是，组织架构如果过于简单，又不能保证各司其职、各负其责、相互制约。这就与不相容职务分离控制等内部控制要求不符，从而不能形成制衡，这本身就是问题和风险点。

不过，2001 年 CAO 在新加坡成功上市，至少表明在早期阶段，CAO 组织架构的建设与内部控制建设相匹配。这时，CAO 相应地调整了组织架构设置，按照国际惯例建立了股东会、董事会、管理层、风险管理委员会、内部审计委员会等制衡制度和风险防范制度，并接受新加坡证监会的严格监管，以适应企业发展的需要。同时，为强化风险控制，CAO 采用"三级防御机制"，分别由贸易人员、风险管理委员会和内部审计部进行逐级防控，努力确保经营安全可控。如果说有问题，那问题就是这个时候组织架构的建设和内部控制建设的成功，尚未经过时间检验。从案例中看，CAO 由此获得了新加坡证券投资者协会"透明度最高的 56 家企业"之一等众多荣誉，充分表明这个阶段的企业管理是成功的。

3. 组织架构之治理结构设计一般要求。案例中 CAO 按照国际惯例设计的治理结构是否符合企业治理结构设计的一般要求，特别是是否体现了制衡的要求？可能存在的风险和问题是什么？

从解决思路上看，判断企业治理结构设计是否符合要求，要根据企业目前所处状态。组织架构的设计一般主要针对按《公司法》新设立的企业，以及《公司法》颁布前存在的企事业单位转为公司制的企业。已按《公司法》运作的企业，重点应放在如何健全机制确保组织架构有效运行上。在理解何为企业管理制衡的基础上，结合企业实际情况，对照企业治理结构设计的一般要求及相关的原则和标准进行判断。

从解决对策上看，首先可以从新建、重组改制及存续等企业状态中，判断 CAO 当时正处于类似改制及存续状态，基本符合企业需要进行治理结构设计的要求。

其次，CAO 在设计组织架构时，必须考虑内部控制的要求，一般来说至少应当遵循依据法律法规、有助于实现发展战略、符合管理控制要求和能够适应内外环境变化等四个原则。

再次，关于制衡的理解。这是内部控制的核心理念，内部控制通过不相容职务分离、授权批准控制等方法达到相互制衡的目的。其基本假设是：两个人有意识地犯同样错误的概率要远小于一个人犯错；两个人有意识地合伙舞弊的可能性要远小于一个人舞弊。从案例中看，CAO 聘请安永会计师事务所制定国际石油公司通行的风险管理制度，实现了形式上或监管意义上的决策、执行和监督的"三权分立"。同时，CAO 采用"三级防御机制"，努力确保经营安全可控，体现了制衡的要求。

最后，结合企业治理结构设计一般要求来看，治理结构涉及股东（大）会、董事会、监事会和经理层。企业应当根据国家有关法律法规的规定，按照决策机构、执行机构和监督机构相互独立、权责明确、相互制衡的原则，明确董事会、监事会和经理层的职责权限、任职条件、议事规则和工作程序等。从 CAO 顺利上市并获得相关荣誉来看，其治理结构的设计符合新加坡证监会的规定。

当然，从企业内部控制建设的实际看，有些公司在治理结构设计时就存在缺陷，其风险管理委员会以及董事会、监事会和经理层等只是形式上符合有关法律法规的要求，实际上并未起到应有的作用。而这同样也是包括 CAO 在内的企业可能存在风险和问题。

4. 上市公司治理结构设计的特殊要求。案例中，CAO 作为外国上市公司是否要遵守相应的要求？如何判断？

从解决思路上看，判断外国上市公司是否遵守母国法律法规的要求，一般需要借助包括法律知识在内的各项专业知识。

我国的上市公司（the listed company）是指所发行的股票经过国务院或者国务院授权的证券管理部门批准在证券交易所上市交易的股

份有限公司。这个概念有几个关键词句：第一，股份有限公司；第二，要经过政府主管部门的批准；第三，发行的股票在证券交易所上市交易。换句话说，只要符合这三个特征，不管是在国内还是国外的公司都是上市公司。因此，CAO 要遵守上市公司治理结构设计的特殊要求，这也是国际惯例。

5. 国有独资企业治理结构设计的特殊要求。 案例中，CAO 是否遵守了国有独资企业关于治理结构设计的特殊要求？如何判断？

从解决思路上看，CAO 成立后几经更迭，需要分阶段厘清每个阶段的企业性质，再进行分析判断。

从解决对策上看，首先从概念上辨析。广义上的国有独资企业包括国有独资公司和其他国有企业，这个概念不包括"三资"企业和私营企业。其次，分阶段来看，1993 年 CAO 由 CNAF 联合国内外公司共同创立，1995 年 CAO 成为 CNAF 外国全资子公司，2001 年在新加坡上市，2006 年引入 BP 亚洲投资有限公司进行战略重组，CAO 成为 CNAD 的控股子公司。最后，在上述阶段中，只有 1995 年至 2001 年这个阶段 CAO 属于国有独资企业。如果从广义上看，CAO 成立至今，都属于国有独资企业。

6. 对集团公司的要求。 案例中，作为 CAO 母公司的 CNAF，对子公司控制方面的主要做法是什么？如何评价？

从解决思路上看，集团公司的本质特征是一种以母子公司关系为基础的垂直型组织体制。从内部组织关系来看，母公司以股权产权为纽带，垂直向下控制其下属公司。母子公司的基本关系是股东与公司的关系，即母公司是子公司的股东，子公司是独立的法人。由于母子公司关系的特殊性，子公司虽有经营自主权，但受母公司控制。母公司可以对子公司制定统一的发展战略和长期规划、产权转让和兼并以及董事长和董事的选派等。

从解决对策上看，CNAF 作为上级组织对陈久霖委以重任，救活了一家休眠亏损的外国企业，并使 CAO 发展壮大，实现了国有资产大幅增值。在中航油事件后，CNAF 没有主张破产，而是引入 BP 亚洲投资有限公司等投资者，大力支持 CAO 进行债务和股权重组，说明作为集团公司的 CNAF 对 CAO 在发展战略的制定、组织架构的建设、主要负责人的人事任免等关键环节具有决定性作用。

7. 对内部机构设计的一般要求。从案例中看，CAO 如何处理初期发展员工较少、业务较简单与相互制衡之间的关系？其中可能存在的风险是什么？

从解决思路上看，内部机构设计主要由企业负责人主导。在创业初期，如何平衡业务简单与相互制衡的关系，更与负责人的管理风格直接相关。其间，可能存在的风险与负责人相关，也与内部机构设计的有限，或者说内部控制自身的局限性有关。

从解决对策上看，需要从设计者、特别负责人的管理风格来分析。作为 CAO 的负责人，陈久霖对内部控制的理解某种程度上代表着 CAO。同样，陈久霖的管理取向也在一定程度上反映了 CAO 的立场。陈久霖生于 1961 年，湖北人，1982 年考入北京大学，主修越南语，兼修英语。此后，他又先后取得中国政法大学国际法硕士学位、新加坡国立大学企业管理 MBA 学位。

中航油事件后，他完成了曾于 2003 年开始攻读后又中断的博士研究生课程，2011 年获得清华大学民商法学博士学位。这些经历让陈久霖虽身在中国，却具备相当强的规则意识和一定的国际视野。在 CAO 建立风险管理制度前，陈久霖有过多次按国际惯例运营公司的做法。比如，按国际规范对进口航油采购实行公开招标，修改中国的航油技术指标，使其与国际接轨，以及外国上市融资等，目的是将 CAO 打造成国际化的大型企业。事实证明，这些也是 CAO 的规模由小变大的重要途径。由此来看，陈久霖对内部控制的理解是按国际惯例治理 CAO，为的是让

CAO 走得更稳健和更长久。

在接手 CAO 初期，面对严峻的生存环境，陈久霖在冷静分析自身优劣势的基础上，利用国企外国公司的优势，以"过账"的形式，较好地整合统筹国内外资源，使 CAO 业务不断发展壮大。因此，关于组织架构设计和运行的实质及其风险，特别是在"二次创业"时期，如何平衡业务简单与相互制衡的关系，陈久霖至少在理论上是清楚的。

但是，内部控制作为一种源于会计又高于会计的管理手段，本身也存在着局限。同时，由于风险本身就是在特定处境和时间段发生损失的不确定性，有些可以预防，有些则无法预防。也就是说，内部控制自身的局限性预示着 CAO 的内部机构设计可能存在着风险。

8. 对"三重一大"制度的特殊考虑。随着业务的发展，CAO 是否存在个人单独进行决策或者擅自改变集体决策意见等情况？如何判断？

从解决思路上看，由于 CAO 聘请的安永会计师事务所按照国际石油公司通行要求制定了风险管理制度体系，这个体系自然涵盖了上述要求。CAO 在新加坡、美国等获得的荣誉就是证明。

从解决对策上看，在 1997 年后，CAO 两次进行战略转型以及在新加坡上市，包括从事期权交易乃至在中航油事件中出现巨亏，都是在相对规范的公司治理框架下，按照规定程序审批并执行的。

1.1.4 知识延伸

在中航油事件前，CAO 结合了当时企业发展的实际以及国际先进的风险管理经验，其组织架构设计是切实可行的，并且为企业带来了直观的效果。但众所周知的巨额亏损，又不得不让人对陈久霖、对 CAO 组织架构设计、对内部控制进行反思。

1. 中航油事件是否说明陈久霖错了？

中航油事件中 CAO 巨亏 5.5 亿美元，并且被迫向法院申请破产保护。陈久霖则在一夜之间从跨国明星企业的管理者成为"阶下囚"，在新加坡入狱服刑 1 035 天。这是陈久霖人生的不幸，但究竟能否得出陈久霖错了的结论？不一定。原因主要有三。第一，从 CAO 的规模由小到大的发展历史看，陈久霖是第一贡献者。第二，从 CAO 按国际惯例制定风险管理制度看，陈久霖想把企业做成强大的国际化大型企业，没有私心，动机是好的，也实现了国有资产的保值增值。第三，从 CAO 的经验成为首家被列入新加坡国立大学 MBA 教学案例的外国中资企业，到中航油事件中 CAO 成为全球风险管理的负面典型看，不管是经验还是教训，都是内部控制案例中的财富。不能以一战的成败论英雄。

2. 陈久霖的不幸遭遇是否说明 CAO 的组织架构设计错了？

CAO 的组织架构设计某种程度上，可以说是陈久霖个人管理意愿的表达。在中航油事件中暴露出的问题，能否得出 CAO 的组织架构的设计错了？不一定。原因主要有三。第一，陈久霖作为 CAO 的负责人，在一定程度上可以影响组织架构的设计，但陈久霖改变不了安永会计师事务所按照国际惯例和规则制定的制度。第二，新加坡证监会要求 CAO 的组织架构设计符合上市企业的监管要求，如果不执行相关政策，将无法通过监管部门的核查。第三，内部控制自身存在的有限性，说明即使再完好的组织架构设计也会在实际运行中受阻。

3. 人和制度都没有错，是否说明那时到现在的评价错了？

中航油事件导致的巨亏和牢狱之灾是客观存在的，CAO 被迫进行重组同样也是客观存在的。如果以结果倒推当事人及其建设的制度，从那时到现在的评价有道理，不算错。事实上，在后来的重组过程中，CAO 以聘请外籍董事长和空缺总裁的方式说明之前的做法有严重问题。但这些评价至少忽视了以下两个基本事实。

第一，在中航油事件前 CAO 的规模从小到大，那些成功和荣誉是实实在在的。不能因为一次结果的不利，就完全否定了其所有的收获和经验。

第二，中航油事件是一次正常判断失误导致的交易损失事件。如果回到当时，站在当事人的角度重新看待 CAO 及其组织架构设计，也只能如此。当时的管理者普遍缺乏风险意识，即使放到今天，管理者可能未必具备当时陈久霖的学识、担当和格局。

1.2 美的集团：战略导向的组织变革

本案例围绕企业组织架构的主要风险展开。完善的组织架构可以促进企业建立现代企业制度、预防和化解企业经营发展过程中的各种舞弊风险，也是强化企业内部控制建设和效果的重要支撑。

1.2.1 案例导读

美的集团成立于 1968 年，当时是社办企业，1992 年进行股份制改革，1993 年在深圳证券交易所上市，是我国第一家由乡镇企业改组上市的公司。2013 年，美的集团整体上市，目前已成为一家集智能家居事业群、机电事业群、暖通与楼宇事业部、机器人及自动化事业部、数字化创新业务五大板块为一体的全球化科技集团，产品及服务惠及全球 200 多个国家和地区约 4 亿用户，形成美的、小天鹅、东芝等多品牌组合。2020 年其营业总收入为 2 857 亿元，高于海尔的 2 097.26 亿元和格力的 1 704.97 亿元，位居第一。2021 年，在《财富》世界 500 强中，美的集团排位第 288 位。

从组织架构上看，美的集团从一个街道办塑料生产组开始，将自发性质的组织架构逐渐发展到集权的直线职能制，再到今天用户中心型组织。纵观美的集团半个多世纪的企业发展史，其中，1997 年事业部制改革、2001 年 MBO（Management Buy-Outs，管理层收购）改革和 2012 年"小集团、大事业部"的组织扁平化变革是三次重大的组织变革。

从 1968 年何享健先生带领 23 位顺德居民创业至今，美的集团进行了公司治理架构的搭建，以及集权、分权体系的建设，目前已建立起一套以现代企业制度为基础的职业经理人管理体制。美的集团不断进行组织变革是企业不同发展阶段战略导向的结果。随着数字化时代的到来，美的集团将战略主轴全新升级为科技领先、用户直达、数智驱动、全球突破。这表明新一轮的组织架构变革也将开启。

1.2.2 问题聚焦

1. **组织架构与现代企业制度**。企业制度主要是指以产权制度为基础和核心的企业组织制度与管理制度。在不同的社会经济制度下有不同的企业制度，即使在同一社会经济制度中也存在不同的企业制度。现代企业制度则是以市场经济为基础，以企业法人制度为主体，以公司制度为核心，以产权清晰、权责明确、政企分开、管理科学为条件的新型企业制度。一个实施现代企业制度的企业，应当具备科学完善的组织架构。换句话说，一个科学完善的组织架构可以促进企业建立现代企业制度。

案例中的美的集团共有三次大的组织架构变革，哪一次对建立现代企业制度的意义更为重大，为什么？

2. **战略决定组织，组织跟随战略**。一个企业不论是否建立了现代企业制度，首先都要面临生存问题，其次是寻求发展。在这个过程中，企业的形态和组织架构会随着内外部环境变化而变化。而战略在本质上是企业基于自身的定位，在这些变化中，为企业生存和发展指明方向。所以，企业要实现发展战略，就必须把建立和完善组织架构放在最重要的位置。而为了配合发展战略的调整，组织架构也要进行不断变革，以利于企业的生产经营。

从案例中看，美的集团如何解决组织架构的变革支持发展战略实施的问题？

3. 组织架构之治理结构的风险。治理结构作为企业治理层面的组织架构，是企业与外部主体发生各项经济关系的法人所必备的组织基础，这更多是一个法律意义的概念。企业要根据相关的法律法规，设置不同层次、不同功能的法律实体及其相关的法人治理结构，从而使得企业能够在法律许可的框架下拥有相应的责、权、利。

从案例中看，美的集团治理结构中主要存在的风险是什么，如何应对？

4. 企业治理结构设计之上市公司的特殊要求。按照《企业内部控制应用指引》的要求，治理结构涉及股东（大）会、董事会、监事会和经理层，应当按照决策机构、执行机构和监督机构三者之间相互独立、权责明确、相互制衡的原则，明确董事会、监事会和经理层的职责权限、任职条件、议事规则和工作程序等。

从案例中看，美的集团治理结构的设计是否符合内部控制等相关法律法规关于上市公司的特殊要求，如何判断其治理结构设计的效果？

5. 企业组织架构的运行。组织架构运行涉及新企业治理结构和内部机构的运行，也涉及对存续企业组织架构的全面梳理。《企业内部控制应用指引》要求企业应当根据组织架构的设计规范，对现有治理结构进行全面梳理，确保符合现代企业制度要求。从治理结构层面看，应着力关注董事、监事、经理及其他高级管理人员的任职资格和履职情况。就任职资格而言，重点关注行为能力、道德诚信、经营管理素质、任职程序等方面。就履职情况而言，着重关注合规、业绩以及履行忠实、勤勉义务等方面。

从案例中看，美的集团组织架构的运行是否符合内部控制的管理要求？如何判断其组织架构运行的效果？

1.2.3 问题应对思路与问题解决

1. 组织架构与现代企业制度。案例中的美的集团共有三次大的组织架构变革，哪一次对建立现代企业制度的意义更为重大？为什么？

从解决思路上看，需要先分析美的集团三次大的组织架构变革的背景、重点和内容，然后按照现代企业制度的基本特征，即"产权清晰、权责明确、政企分开、管理科学"，进行综合判断。通常来说，一个企业建立现代企业制度必须从"产权清晰"入手。

从解决对策上看，美的集团1997年实行事业部制的原因在于企业高速发展后，原有集权组织管理模式失效。改革的重点是分权，针对的是组织结构，实行各事业部独立核算、独立经营，激发经营活力。2001年MBO（Management Buy-Outs，管理层收购）改革针对的是治理结构。2012年进行"小集团、大事业部"的组织扁平化改革针对的是集团和各事业部组织越来越多的问题，解决的是提高组织效率与实现资源共享的矛盾。

其中，2001年MBO改革解决的是产权制度是否科学清晰的问题，此项改革最终将美的由集体所有制的乡镇企业变成了民营企业。当时，美的集团中代表政府的第一大股东顺德市美的控股有限公司，将所持股份转让给代表公司管理层的顺德市美托投资有限公司。股份转让后，政府控股公司退居为美的第三大法人股东，而公司管理层控股公司成为第一大法人股东。这次改革从产权和治理结构上，确定了企业所有者和经营者分离的问题，被称为我国"第一例成功的MBO"。

从更深层次的角度看，企业是在一定的财产关系基础上形成的，企业的行为倾向与企业产权结构之间有着某种对应关系。企业在市场上所进行的物品或服务的交换实质上也是产权的交易。企业制度的核心是产权制度，而产权清晰是建立现代企业制度的前提条件。从这个角度看，2001 年的组织架构变革对美的集团建立现代企业制度的意义更为重大。

2. 战略决定组织，组织跟随战略。从案例中看，美的集团如何解决组织架构的变革支持发展战略实施的问题？

从解决思路上看，需要在战略调整的过程中，看是否有相应的组织架构变革，再根据两者的匹配度确定具体的举措和效果。

从解决对策上看，美的集团从创业之初，到业务高速增长；从没有明显的发展战略，到以家电为主导产品的发展战略再到相关多元化战略的发展；从规模导向的战略，到转向利润导向的战略。为了配合战略调整，美的集团组织架构在不断地调整。

比如，在美的集团创业初期，其规模较小，组织架构较为简单，权力高度集中。随着美的进一步发展，其在原来直线制组织架构基础上加入了职能部门，权力逐渐分散。在1993年上市后，企业规模从1992年的4.87亿元快速增长到1996年的25亿元，增长至原来的5倍多。产品品类包括风扇、空调、电饭煲、电机以及其他小家电5大品类，品种达1 500多种。美的集团制定白电领域多元化发展战略，但这与高度集权的大一统模式的组织架构存在矛盾。针对该问题，美的集团进行了1997年的事业部制改革。事业部能够独立核算，自负盈亏，提高企业对市场的灵敏度，可以说，多个专业产品事业部支撑了美的集团多元化战略发展。

随着美的集团多元化战略的不断推进，企业规模越来越大，事业部也逐渐增多。2011年美的集团将以往以规模导向的战略转向利润导向，停止了对外扩张，开始对内聚焦的管理，退出亏损和不相关业务，大幅缩减产品线。2012年，在职业经理人方洪波的主导下，其取消了二级产业集团，大幅缩减集团总部职能部门，合并部分事业部，明确了以产品和客户为中心的"小集团、大事业部"的组织方式。这次调整既提高了组织效率，又实现了资源共享。虽然不能说美的集团每一次的变革都成功，但总体上看成功的占了大多数，而且关键的几次都成功了，这些是美的集团能够稳健经营以至行业领先地位的重要保证。

　　3. 组织架构之治理结构的风险。从案例中看，美的集团治理结构中主要存在的风险是什么，如何应对？

　　从解决思路上看，需要真正明白企业治理结构的含义和关键是什么，再结合美的集团的案例进行具体分析。根据国际惯例，规模较大的企业，其内部治理结构通常由股东会、董事会、经理层和监事会组成，它们依据法律赋予的权利、责任、利益分工，并相互制衡。

　　从解决对策上看，美的集团的决策层要清楚治理结构的界定。治理结构即企业治理层面的组织架构，是一种对企业进行管理和控制的体系，是企业与外部主体发生各项经济关系的法人所必备的组织基础。现代企业制度区别于传统企业制度的根本点在于所有权和经营权的分离，治理结构可以从法律上明确所有者和经营者之间的责、权、利，从而对企业形成有效的激励与约束。换句话说，公司治理的前提和关键是产权清晰，在此基础上，才能使所有者不干预公司的日常经营，同时又保证经理层能以股东的利益和公司的利润最大化为目标。

　　从美的集团的实际看，在其从初创到发展壮大的过程中，2001 年MBO 的改革从根本上解决了产权是否清晰的问题。这是美的集团成功改制的关键，由此清楚界定了美的集团的出资人、经营者与生产者之间的权利和义务等关系，从而形成一套能提高企业产权结构效率的激励约束规则，完善企业的内部治理结构。也就是说，在 2001 年之前美的集团的治理结构中，可能会存在政企不分、股东大会弱化、董事、监事、高级管理人员管理动力弱化、制衡约束机制不足、企业行为短期化以及生产运营效率低、信息披露不及时等问题。而这些问题也在一定程度上使企业的治理结构形同虚设，缺乏科学决策、良性运行机制和执行力，企业内部控制无效，从而导致企业经营失败，难以实现发展战略。

4. 企业治理结构设计之上市公司的特殊要求。从案例中看，美的集团治理结构的设计是否符合内部控制等相关法律法规关于上市公司的特殊要求，如何判断治理结构设计的效果？

从解决思路上看，上市公司对信息披露的真实性和完整性要求较高。判断公司治理结构的设计是否合规，可以梳理企业信息披露中关于组织架构的设计情况。在此基础上，还可以通过分析企业生产经营、市场占有率以及总资产、营业收入、净利润等方面的情况看公司整体运营情况，综合评价治理结构设计的成效。

从解决对策上看，根据美的集团官网上披露的年报等相关信息，公司严格按照《中华人民共和国公司法》《中华人民共和国证券法》（以下简称《证券法》）和中国证券监督管理委员会（以下简称证监会）的有关法律法规的要求，不断完善公司治理结构。董事会下设的战略委员会、薪酬与考核委员会、提名委员会和审计委员会，为董事会提供咨询、建议。同时，公司建立健全了股东大会、董事会、监事会议事规则，董事会专门委员会议事规则和董事会秘书工作制度等，以及信息披露管理办法、对外担保决策制度、内部审计制度等一系列规范治理的文件制度。股东大会、董事会、监事会和经营管理层责权分明、各司其职、有效制衡、科学决策、协调运营，努力确保公司持续、稳定、健康发展。

结合整体运营情况来看，以市场占有率（按照产量）为例，2020年志高、TCL、春兰、格力、海尔、海信、美的、长虹8家企业空调产量总和占全国空调总产量的59.03%。其中，美的空调产量占全国空调总产量的23.86%，家电行业另外两巨头——格力和海尔分别占19.65%、5.21%，可见美的集团的市场占有率较高。因此，基本可以判断截至目前，美的集团的治理结构设计有效。

5. 企业组织架构的运行。 从案例中看，美的集团组织架构的运行是否符合内部控制的管理要求？如何判断组织架构运行的效果？

从解决思路上看，判断组织架构的运行情况，可以梳理企业信息披露中高管的相关情况。在此基础上，分析管理团队，特别是创始人以及现在的负责人的工作动力等方面，从而进行综合评价。

从解决对策上看，从美的集团官网上披露年报的相关信息看，美的已建立起一套以现代企业制度为基础的职业经理人管理体制。现任董事长兼总裁是方洪波，原创始人何享健在 2012 年退位。从工作年限上来看，在 2000 年以前大多数重要高管加入美的集团，平均任职期限超过 15 年，多数都是从基层通过个人努力，层层升迁上来，包括现任负责人方洪波。管理层高度认同企业价值观，熟悉企业文化，具有丰富的行业经验和管理经验。可以说，其在组织架构上完全符合内部控制的相关要求。同时，为推动构建核心管理团队与公司长期成长价值的责任绑定，美的集团推出了一系列长期股权激励计划，目前高管几乎人人持股，在工作中有充分的动力履职尽责。

1.2.4 知识延伸

美的集团的规模由小到大，由乡镇企业转型为现代意义上的上市企业，在其组织架构背后有三个重要因素值得再次思考：一是起家的乡镇企业，二是美的集团也是一家家族企业，三是职业经理人的介入。

1. 美的集团背后的乡镇企业。

乡镇企业是一个统称，包括乡镇办企业、村办企业、农民联营的合作企业、其他形式的合作企业和个体企业五级，在农业、工业、交通运输业、建筑业、商业、服务业等领域都有。20世纪80年代以来，我国乡镇企业快速发展，充分利用乡村地区的自然资源及社会经济资源，对改变单一的产业结构、吸收乡村剩余劳动力、建立新型的城乡关系等具有重要的意义。

乡镇企业的前身是20世纪50年代的社队企业。美的集团成立初期是社办企业，是乡镇企业的早期形态。1978年全面推行联产承包责任制，社队企业也得到快速发展。1984年中央出台文件正式提出发展乡镇企业的概念，带动乡镇企业全面高速发展。1992年至1994年是乡镇企业发展的第二个高峰期。国务院连续下发文件，充分肯定了乡镇企业的重要作用。在长三角和珠三角地区，乡镇企业增加值已在当地GDP中占据三分之一。1996年《乡镇企业法》的出台，标志着我国乡镇企业走上了法制的轨道。进入21世纪以来，乡镇企业内涵和外延不断变化，服务乡村振兴的能力不断提升。2021年，在国家乡村振兴战略指引下，随着小康社会的全面建成，国家乡村振兴局成立，标志着乡镇企业的发展将再次迎来新的机遇。

2. 家族企业传承的问题。

家族企业作为人类历史上最古老、最普遍的企业组织形态之一，对世界经济有着举足轻重的影响。无论是发达国家还是发展中国家，家族企业都占据一席之地。现代社会判断一个企业是否是家族企业，主要看其家族是否拥有企业的经营权。当一个家族或数个具有紧密联系的家族直接或间接掌握一个企业的经营权时，这个企业就是家族企业。也有人认为，家族企业是指资本或股份主要控制在一个家族手中，家族成员出任企业主要领导职务的企业。

家族企业以血缘、亲缘为纽带，在企业发展初期阶段，可以提高经营发展的效率，降低信息不对称性，进而节约沟通成本和交易费用。但随着家族企业的发展壮大，依靠家长权威的传统管理不适合现代企业的顺利运转，在组织架构、人力资源、企业文化等方面存在明显短板。家族企业在现代社会顺利转型考验着每个家族企业创始人的智慧和勇气。美的集团在这方面做了一些有益的探索和尝试，也取得了一定的成功。

3. 职业经理人是不是家族企业的出路。

职业经理人源于美国的专业货运计划人员，发达国家对其的认知相对统一。但在我国，人们对职业经理人还有不同看法。一般认为，将经营管理工作作为长期职业，具备一定职业素质和职业能力，并掌握企业经营权的群体就是职业经理人。

在市场经济条件下，企业管理者之外的人应该都是广义的职业经理人。职业经理人作为一种特定称谓，专指企业高层管理人才，综合素质与能力较高，能透过事物的现象看到本质，对各种疑难问题能准确地抓住要害，善于从错综复杂的事情中理出头绪。

2002 年国务院办公厅印发《2002—2005 全国人才队伍建设规划纲要》，初步提出探索与制定职业经理人资质评价体系。2013 年十八届三中全会《中共中央关于全面深化改革若干重大问题的决定》提出建立职业经理人制度。2020 年 4 月 20 日，国务院新闻办公室在京举行新闻发布会，会上国资委党委委员、秘书长、新闻发言人彭华岗介绍《国企改革三年行动方案》。改革的大方向中包含"加快建立健全市场化经营机制，大力推进经理层成员任期制契约化管理和职业经理人制度"。接棒美的集团的董事长方红波及其不少公司高管就是职业经理人。

1.3 复盘与思考

本章作为企业内部控制的开篇之章，选择的案例是 CAO 和美的集团，分别从外国中资企业和家族企业等角度分析了企业的组织架构。两个公司性质不同，面对着不同的时代问题，解决思路和应对之道也各不相同。相同的是两个企业在组织架构上的尝试，起初的动力看似是为了监管，但多少都带有先生存、后发展、再壮大的意味。

中航油事件直接促使国内央企高度重视内部控制。CAO 也在跌宕起伏的历练中，以组织架构变革为切入点，强化风险管理，在不断稳健的发展中，成为全球范围内较大的中国上市企业。美的集团最初是乡镇企业，后来成功改制为民营企业，同时也是家族企业。从营业收入上看，如今美的集团已超过了格力电器的两倍。在发展战略指导下不断因时调整组织架构，明晰治理结构，是美的集团能持续发力的重要因素。

第 2 章 发展战略

　　本章的主题是理解企业内部控制中的发展战略，了解并关注制定与实施发展战略的风险问题。发展战略是指企业在对现实状况和未来趋势进行综合分析和科学预测的基础上，制定并实施的长远发展目标与战略规划。发展战略可以分为发展目标和战略规划两个层次。发展战略在内部控制中居于统领地位，应受到企业的高度重视。

　　通过阅读本章内容，读者将对企业发展战略的制定、实施有一个整体认识，初步了解应对发展战略风险的相关方法，学习如何加强发展战略方面的风险管理，帮助企业找准市场定位，在国内外激烈的市场竞争中实现可持续发展。

2.1 中航油（新加坡）公司：接续发展的发展战略

本案例围绕企业发展战略制定和实施中的主要风险展开。有效的发展战略对企业管理和经营活动具有切实的指导作用，使企业在激烈的国内外市场竞争中保持健康、可持续发展，实现企业价值最大化。

2.1.1 案例导读

以中航油事件为标志，CAO 的发展战略可以分为两个阶段。第一个阶段是 1997 年 7 月至中航油事件发生，在陈久霖的带领下，CAO 先后从船务经纪公司成为以航油采购为主的贸易公司和工贸结合型、实业与贸易互补型的实体企业。第二个阶段是在经历中航油事件后的战略重组，作为 CNAF 的子公司，CAO 的发展战略和方向定位为领先的国际石油贸易企业，关联航油采购、相关油品的国际贸易和投资相关协作领域等 3 个核心业务，稳步发展成为国际一流能源贸易公司。

航油作为战略物资在航空公司的生产运行中占据重要地位，是航空公司的最大成本支出项，在运营成本中占比 35%~40%，航油成本的高低直接影响着航空公司的盈利水平。同时，航油又是飞机执行航班任务必备的重要能源，航油品质的优质及加注操作程序规范，直接关系到飞机的安全运行。从这个角度讲，在第一个阶段，CAO 将船务经纪公司转型为以航油采购为主的贸易公司和工贸结合型、实业与贸易互补型的实体企业，对公司生存发展影响重大而深远。

CAO 已在亚洲、美洲和欧洲三大洲稳定开展各项多元化业务，是亚太地区最大的航油实货贸易商以及中国民航业主要的航油进口商。主营业务包括航油供应与贸易、其他油品贸易和油品相关实业投资，这和第一阶段的发展战略基本一致。

截至 2020 年，CAO 连续 6 年获得新加坡证券投资者协会"最透明公司奖"，连续 3 年跻身"福布斯上市公司 2000 强"，2019 年荣获新加坡企业"最佳风险管理"金奖。这些荣誉的获得，说明 CAO 的重建和恢复得到了市场和国际的肯定。

2.1.2 问题聚焦

1. **发展战略与内部控制**。发展战略是关于企业如何发展的理论体系，是指导全局的蓝图，是企业发展的方向。内部控制作为企业内部的控制运作，最高层次的目标是促进发展战略的实现。《企业内部控制基本规范》明确指出，内控的目标是合理保证企业经营管理合法合规、资产安全、财务报告及相关信息真实完整，提高经营效率和效果，促进企业实现发展战略。也就是说，发展战略为企业内部控制指明了方向，内部控制为企业实现发展战略提供了坚实保障。

从案例中看，CAO 的发展战略是什么，是否为内部控制设定了最高目标，其中的问题和不足如何解决？

2. **发展战略的制定与实施风险**。风险作为一种未来结果的不确定性，并不一定都是问题。但无论在创业初期还是战略转型时期，风险都一直存在。从整体上看，企业发展战略风险主要是管理者过度关注日常经营事务，缺乏对企业根本性、长期性和全局性问题的思考，从而未制定发展战略或制定了不切实际的发展战略，导致企业无法操作或执行效果差，进而使企业盲目发展，难以形成竞争优势，丧失发展机遇和动力。

企业如果在制定和实施发展战略过程中，过于频繁变动，也会导致企业盲目发展，难以形成竞争优势，甚至危及企业的生存及持续发展。

从案例中看，CAO 在三次发展战略制定和实施中的主要风险分别是什么？如何应对？

3. **企业发展战略的转型**。在制定了明确的长期发展目标后，企业发展战略在一定时期内应当保持相对稳定。但内外部环境的变化，比如经济形势、产业政策、技术进步、行业竞争态势以及不可抗力等因素发生较大变化时，会对企业发展战略有较大影响。或者企业内部自身的经营管理发生了较大变化，需要对发展战略目标做出调整。需要注意的是，发展战略的转型意味着企业定位和发展方向要进行变化，牵一发而动全身，应当按照规定的要求慎重进行转型。

从案例中看，CAO 的战略转型与此前发展战略制定和实施的风险主要的区别是什么，如何应对这种差异？

4. **发展战略的评估**。战略制定、战略实施和战略评估是战略管理的完整过程。战略评估是指通过对影响并反映战略管理质量的各要素的总结和分析，判断战略是否实现预期目标的活动。由于企业内外部环境处在不断变化中，为了确保战略管理过程的顺利进行，企业必须通过战略评估对制定及实施的战略效果进行评价，以便采取相应的完善措施。在某种程度上说，战略评估决定着战略管理的成败。

如何评价案例中 CAO 的发展战略，针对其中可能出现的不足，如何应对？

2.1.3 问题应对思路与问题解决

1. **发展战略与内部控制**。从案例中看，CAO 的发展战略是什么？是否为内部控制设定了最高目标？其中的问题和不足如何解决？

从解决思路上看，发展战略是指企业在对现实状况和未来趋势进行综合分析和科学预测的基础上，制定并实施的长远发展目标与战略规划。分析 CAO 发展史，可以找到其发展战略。按照我国对内部控制的理解来看，实现企业的发展战略就是内部控制的最高目标。但由于内部控制在我国仍是新鲜事物，不管是对发展战略还是对内部控制的理解，仍存在一些薄弱环节，因此，要结合具体情况具体分析。

从解决措施上看，分析 CAO 的发展史，可以发现其制定及实施发展战略共有三次。第一次是在 1997 年，陈久霖出任总经理后，为了公司生存发展，将船运经纪公司的定位转变为以航油采购为主业的贸易公司。第二次是在 2002 年，在让实业投资成为发展"重要基石和引擎"的认识下，陈久霖把一个纯贸易公司再次转型为集石油实业投资、国际石油贸易和进口航油采购为一体的工贸结合型的实体企业。第三次是在中航油事件后，尤其是在战略重组后，CAO 向着全球一流一体化运输燃料供应商的战略迈进。整体看，三次战略转型一脉相承，其本质都是为了实现企业的发展。

关于其中的不足和问题，在第一次到第二次战略转型期间，CAO 已经按照国际惯例制定了风险管理制度，在一定程度上解决了管理职能和经营职能联系不够紧密的问题。在第三次战略转型中，CAO 针对之前的突出问题，从组织架构、风险管理、培训机制、公司文化和信息系统等方面全面整改，做到内化于心，外化于行。如果说第一次战略转型奠定了第二次战略转型的基础，第三次战略转型则将第一个阶段的战略设想及其内部控制深入推进，并升华到一个新的稳健发展的高度。

2. 发展战略的制定与实施风险。从案例中看，CAO 在三次的发展战略制定和实施中的主要风险分别是什么？如何应对？

从解决思路上看，要重点分析 CAO 三次发展战略在制定和实施过程中的风险，同时针对问题之外的潜在风险进行分析，找出具体的应对措施。

从解决措施上看，1997 年 CAO 第一次制定发展战略时，正处于长期亏损乃至要关门倒闭的状态，这说明之前 CAO 发展战略方面的主要风险是缺乏明确或切实可行的发展战略。但如果改变航运经纪公司的原有定位，有可能会造成企业偏离主业，影响企业生存。但陈久霖没有更好的选择，因为不制定新的发展战略，企业同样没法继续生存下去，改变或许还有一线生机。2000 年 CAO 获得 CNAF 全部外国采购航油权，将贸易区域从中国扩展到东南亚、非洲和北美等地。由此，CAO 也从账面资金 49.2 万新元的小公司，发展成为注册资金 6 000 万新元、年营业额 15.5 亿新元的航油贸易枢纽。

2002 年，CAO 先后投资西班牙 CLH 石油设施公司和上海浦东国际机场航空油料有限责任公司，此次发展战略制定的主要风险是 CAO 有可能会偏离航油采购的主业，过度扩张，可能导致经营失败。但这两次投资都实现了当年投资、当年受益。截至 2003 年上半年，CAO 实业投资回报占公司总利润的 68%，成为公司持续发展的主要引擎。

整体来看，这两次战略制定的结果说明 CAO 找准了市场定位，制定了正确的战略发展。

中航油事件发生后，新的决策者在制定第三次发展战略时要面对的主要风险是涉足期权交易和之前期权交易的风险，以及企业能否继续生存下去的风险；同时，还要面对发展战略频繁变动，可能导致的资源浪费等风险。

CAO 的应对措施是按国际惯例重组，同时，针对之前的问题，在治理结构、风险管理以及期权交易等方面进行全面整改。2006 年 CAO 恢复上市，2007 年恢复期权交易，2010 年新加坡籍董事长离职，由 CNAF 总经理接任，标志着 CAO 全面恢复正常的经营。

3. 企业发展战略的转型。从案例中看，CAO 的战略转型与此前发展战略制定和实施的风险主要的区别是什么？如何应对这种差异？

从解决思路上看，首先要明确战略转型的界定，再同 CAO 的三次发展战略的制定和实施进行比较，其中的不同即两者的差异。最后，根据这种差异确定相应的应对措施。

从解决对策上看，战略转型是指当企业外部环境尤其是所从事行业的竞争状况发生重大变化时，或当企业步入新的成长阶段需要对生产经营与管理模式进行战略调整时，企业必须选择新的生存与发展模式，是从"1"到"2"的升级。相比之下，企业发展战略的制定和实施，主要针对缺乏明确的发展战略或发展战略实施不到位等情况，是从"0"到"1"的创造。当然，如果制定的发展战略无效，再次制定时，不叫战略转型，仍然叫战略制定。因为这时的发展战略制定尚未实现健康可持续发展的目标。

具体来说，CAO 第一次发展战略的定位，是针对之前企业缺乏明确或切实可行的发展战略，将船运经纪公司的定位转为以航油采购为主业的贸易公司。CAO 的不断壮大，说明这次发展战略达到了生存下去的目标。但是，CAO 在 2002 年先后进行的两次投资，将 CAO 定位为集石油实业投资、国际石油贸易和进口航油采购为一体的工贸结合型的实体企业，则是生存下去之后的求发展，这个目标可大可小，可急可缓。这并不是说企业不可以进行多元化经营。企业战略转型不是战略的局部调整，而是各个战略层次上的方向性改变。企业发展战略的核心只能有一个，那就是生存发展。而生存发展不等于做大做强，优秀的企业和管理者懂得这两者的边界和区别，并且知道如何进行权衡与取舍。

至于 CAO 第三次在战略重组之后制定的发展战略在性质上与第一次相同。此时若不制定新的发展战略，企业就没法生存下去。不管如何，加强战略管理，提高战略管理水平，是企业实现长远发展的不懈追求。企业在强化发展战略管理的基础上，可以积极推进战略转型，尝试发展战略创新，加快发展方式转变，提升企业核心竞争力，实现健康可持续发展。

4. 发展战略的评估。 如何评价案例中 CAO 的发展战略？针对其中可能出现的不足，如何应对？

从解决思路上看，战略评估目前还处于探索阶段。不同的人从不同的角度对其可能有不同的理解。比如，有人认为战略评估可以分为事前、事中和事后评估三个阶段。事前评估主要是对企业所处现状环境的评估；事中评估是在战略的执行过程中，对战略执行情况与战略目标差异进行的动态评估；事后评估则是在固定期限或一个发展战略制定实施后的综合评估。当然，也可以把 CAO 三次的发展战略当成一个整体来看，即第一次是第二次的基础，中航油事件发生后，前两次可以合在一起成为第三次的基础。如果是这样，则可以针对不同阶段进行相应的评估及采取措施。

从解决措施上看，由于前两次发展战略接续而来，没有第一次的成功就不会有第二次的制定。因此，CAO 第一次的发展战略可以视为第二次发展战略的事前评估，而第二次的发展战略则可以视为第一次的事后评估。同理，CAO 前两次的发展战略也可以成为第三次的事前评估，而第三次则成为前两次的事后评估。事中评估则处于中间状态。更具体的分析可以根据第一次发展战略的事前、事中和事后评估进行。

第二次的发展战略可以印证第一次的成功。由于 CAO 在中航油事件中被外部监管认定违规，并承担法律责任，因此，第三次可以否定第二次甚至第一次的发展战略。

换句话说，第一次是否是第二次的发展战略还存在争议，这时 CAO 生存和发展主要靠陈久霖个人能力及声望推进。第三次针对前两次发展战略的问题，注重发展战略与组织架构、公司文化等方面之间的有机融合，重在公司的集体治理，强调共识。

2.1.4 知识延伸

1. 理解发展战略需要先理解战略。

战略最早是军事方面的概念，后来泛指统领全局性的谋略、方案和对策。在西方，战略源于希腊语，是军事将领、地方行政长官的意思。在我国，战略中"战"指战争，"略"指谋略。春秋时期孙武的《孙子兵法》被认为是我国最早对战略进行全局筹划的著作。

但是，在管理学领域中，最基本的概念往往也是争议最大的问题。战略作为一个基本的管理概念也同样如此。因此，若要透彻理解企业发展战略的制定及实施以及评估，需要回到基本概念及由此引出的问题上来。一般计划和实施是战略的两个基本要点。企业需要制定计划，但更需要根据内外部因素的变化，适时调整经营行为，不断创造价值。

2. 企业发展战略有没有终极追求。

企业作为一种组织，一般认为是用资本赚取利润的经济组织实体。在我国，长期以来将企业看作从事产品生产、流通或服务性活动等实行独立核算的经济单位。从法律的角度看，凡是经合法登记注册、拥有固定地址而相对稳定的经营组织，都属于企业。不可否认，企业的存在是要盈利，实现利益最大化。但不同的企业"企"图的事"业"不尽相同。与之相对，不同的企业发展战略也不同。作为一种关系企业如何发展的理论体系，发展战略在本质上是要实现企业的发展，发展战略制定和实施的主要目的是解决企业的发展问题。有些企业追求做大、做强，这无可厚非，因为这是由企业发展战略决定的。有些企业则强调"小而精""小而美"，同样也是由企业发展战略决定的。还有些企业，怀着强烈的事业心、责任感，以排除万难的勇气和魄力，不断进行企业发展战略的创新升级。当然，这样的企业需要拥有坚韧不拔的毅力，否则只能半途而废。

但是对大多数平凡普通的企业而言，特别是对挣扎在生死边缘的企业来说，生存和发展才是企业发展战略的终极追求。

3. 从事企业发展战略人员的层级和边界。

发展战略可以分为发展目标和战略规划两个层次。其中，发展目标是企业发展战略的核心和基本内容，是在最重要的经营领域对企业使命的具体化，表明企业在未来一段时期内所要努力的方向和所要达到的水平。战略规划则是为了实现发展目标而制定的具体规划，表明企业在每个发展阶段的具体目标、工作任务和实施路径。

从事发展战略人员的层级有三层，第一层是秘书，他们发挥发展战略的传统价值，即把决策者关于企业发展的战略思想整理好并传递出去。在创业公司或公司规模较小时，秘书工作通常不需要专门的机构负责，具备文字功底的相关人员兼任即可。第二层是专家，可以将他们理解为在秘书工作的基础上，具备一定的专业能力，可以对企业内外部因素进行深层次的研究，为决策层决策提供参考的人士。不可否认，独立客观的专业研究会影响甚至改变决策。第三层是精神领袖，其战略和文化都在企业内部控制中处于高层次，在提出专业建议的基础上，他们还可以成为企业发展战略的灵魂人物，不但能推动业务部门去落实战略，还能主导并承担部分战略的落地，将战略管理与企业管理职能有机整合，大力实施战略协同等。

2.2 大公国际：民族品牌国际化的发展战略

本案例围绕企业发展战略制定和实施中的主要风险展开，对帮助企业找准市场定位、提升企业核心竞争力、实现企业内部控制最高层次的目标具有重要意义。

2.2.1 案例导读

大公国际资信评估有限公司（以下简称"大公国际"）成立于 1994 年，是国内知名的专业信用评级机构。大公国际由国务院发展研究中心、中国社会科学院等单位共同发起，是中国人民银行和原国家经贸委共同批准成立的全国性信用评级机构，拥有政府监管部门批准的全部评级资质，可以对中国资本市场所有债务工具和参与主体进行信用评级。2018 年 11 月，大公国际由于内控管理不善等原因，被北京证监局等监管机构暂停一年评级等相关业务。2019 年 4 月，大公国际被中国国新控股有限责任公司战略重组，目前是其控股子公司。

在成立初期，大公国际坚持走民族品牌国际化的发展理念，1997 年在美国纽约世界贸易中心设立分公司［Dagong（USA）Inc］开启了国际化进程。2006 年，关建中总裁在《金融时报》理论前沿头版刊发署名文章《对中国信用评级业的再认识》，明确了大公国际民族品牌国际化的发展战略。

作为评级行业的先行者，虽然面对诸多不确立因素，但大公国际一度被称为评级行业的"黄埔军校"，创造了评级业的诸多第一。比如，1994 年，当时的负责人刘继忠和王文灵合作完成的《资信评估概论》，是国内第一部综合论述资信评估理论和实务的学术专著。2000 年，大公国际发布《大公信用评级方法》，这是我国第一个拥有自主知识产权、与国际接轨并适合中国国情的评级方法；2003 年，建立我国资信评级业的第一个博士后科研工作站；2004 年，公布了我国第一个资产证券化项目——中国工商银行宁波市分行不良贷款受益权的评级；2005 年，完成我国最大一笔金融资产交易——中国工商银行 4500 亿元可疑类贷款竞标项目价值测算；2006 年，发布我国第一支不良资产支持证券——中国东方资产管理公司东元 2006-1 优先级重整资产支持证券评级结果；2007 年，与天津财经大学合作成立天津财经大学大公信用学院，这是我国第一所培养信用评级专业人才的高等院校；2009 年，发布了我国第一部国家主权信用评级方法以及中国行业信用评级方法；2010 年，发布首批 50 个典型国家的信用等级，这是我国也是世界第一个非西方国家的评级机构第一次向全球发布的关于国家主权的信用风险信息。

民族品牌国际化战略的重要人物关建中，曾就职于原航空工业部，先后创建中航技投资公司，在美国华尔街创办金融中资机构，任中航技美国金融公司总经理。1998 年，关键中接手长期亏损的大公国际，坚持国家立场，据说曾拒绝美国穆迪投资服务公司（Moody's Investors Service，MIS）3000 万美元的收购。他以大公信用评级原理为基础构建的民族评级方法，区别于以违约率为核心的只重验证不重预警的西方评级方法，用专业的方式为国家说话，坚决捍卫我国的国际地位。

2.2.2 问题聚焦

1. **对发展战略的理解**。发展战略作为一种高层次的管理，在企业生产经营中具有统领作用。它决定企业的组织架构，与人力资源、企业文化关系密切，对资金活动、销售业务等控制活动，以及全面预算、信息系统等控制手段也具有重要的指导作用。科学合理的发展战略，能帮助企业做好生产经营，实现价值利润最大化；反之，可能会导致企业走向衰落甚至消亡。因此，发展战略的科学合理直接关系着企业的长远生存与发展。"三年发展靠机遇，十年发展靠战略"，加强战略管理，提高战略管理水平，是企业实现长远发展的不懈追求。

　　从案例中看，大公国际的发展战略是什么？是否促进了评级业务的发展？

　　2. **发展战略制定的风险**。发展战略的制定是一个企业生产经营的起点。企业在制定发展战略时，应当将企业的前途与国家的命运紧密联系起来，制定切合自身实际，又符合市场经济发展规律的战略目标和长期规划。企业如果缺乏明确的发展战略，可能会盲目发展，丧失发展机遇。同时，如果发展战略制定得过于激进，脱离企业实际能力或偏离主业，则可能导致企业过度扩张，甚至经营失败。

　　从案例中看，大公国际在制定发展战略时的主要风险是什么，如何应对？

　　3. **发展战略实施的风险**。如果企业实施发展战略不到位，可能难以形成竞争优势，丧失发展动力。同时，发展战略因主观原因频繁变动，可能导致资源浪费，甚至危及企业的生存和持续发展。

　　从案例中看，大公国际在实施发展战略时的主要风险是什么，如何应对？

　　4. **发展战略的组织领导工作**。企业发展战略关系重大，科学制定及实施发展战略是一个复杂的过程，存在部分人员暂时不理解发展战略的情况。因此，加强组织领导是关键。通常而言，企业应当在董事会下设立战略委员会，或指定相关机构负责发展战略管理工作，负责发展战略的相关职责。必要时，战略委员会还可聘请社会专业人士担任顾问，提供专业咨询意见。同时，企业经理层作为中层干部，应当担当发展战略的直接参与者和执行者，确保发展战略的有效实施。

　　从案例中看，大公国际在发展战略组织领导方面的主要问题是什么，如何应对？

　　5. **发展战略的宣传培训工作**。企业应当重视发展战略的宣传培训工作，为推进发展战略实施提供强有力的思想支撑和行为导向。发展战略宣传培训工作不仅要对外，更要对内。比如，在企业董事、监事和高级管理人员中树立战略意识和战略思维，充分发挥其在战略制定与实施过程中的示范带头作用，带动普通员工理解、明白并贯彻公司发展战略。

从案例中看，大公国际在发展战略宣传培训工作方面的主要问题是什么，如何应对？

2.2.3 问题应对思路与问题解决

1. 对发展战略的理解。从案例中看，大公国际的发展战略是什么？是否促进了评级业务的发展？

从解决思路上看，要结合案例去观察大公国际的发展战略及其与评级业务的关系，再去判断战略在企业发展中的作用。一般认为，发展战略解决的是企业市场定位问题，在此基础上，为企业执行层提供行动指南。而评级业务作为企业日常经营的主体，需要在发展战略的指导下，利用内外部资源，发现客户和市场需求，提供合适的产品或服务类型，以此确立企业的核心竞争力，奠定企业生存与发展的基础。

从解决措施上看，在大公国际成立初期，由于信用评级尚属于新生事物，评级业务有限，也没有合适的指导战略，因此公司一直处于亏损状态。1998 年，关建中出任大公国际总裁后，逐步制定并实施了大公国际民族品牌国际化的发展战略，即通过自主开发的评级方法，站在国家立场，在国际信用评级领域发声。

在民族品牌国际化发展战略的指导下，大公国际在新华社发布国家信用风险报告和首批 50 个典型国家的信用等级，这是我国也是世界第一个非西方国家评级机构第一次向全球发布的国家主权信用风险信息，大公国际由此一举出名。此后，大公国际通过独立研究制定国家、地方政府和行业的信用评级标准，不断推动国内债务工具的创新设计与推广应用。与此同时，大公国际的发展速度不断加快，成立 20 多年来，先后对 31 个省（自治区、直辖市）和香港特别行政区中 70 多个行业的近万家企业进行信用评级。在 2015 年前后盈利状态达到最好，净利润为 8133 万元，营业利润率为 32.22%，占据了评级市场的主要份额。

2. 发展战略制定的风险。 从案例中看，大公国际在制定发展战略时的主要风险是什么，如何应对？

从解决思路上看，这里的风险主要是指制定发展战略时出现的风险。如果企业缺乏明确的发展战略，在制定过程中，要防止发展战略过于激进，过犹不及，这是企业发展战略制定不到位的表现。

从解决措施上看，大公国际在成立时，我国资本市场与全球市场相对分离，产品价格的形成基础主要是国内供求状况，跨国经营的企业尚不多见，从国际资本市场直接融资的企业也较少，国际资本进入中国仍受到较多限制。信用评级在当时属新生事物，决策者相对缺乏明确的发展战略，与评级业务较少等因素相互影响，导致公司长期亏损。

关建中接手后，看到了评级业务对资本市场健康发展的作用和意义，同时发现国内没有与外国抗衡的评级机构，结合大公国际先行者的行业优势，从而明确了大公民族品牌国际化的发展道路。

3. 发展战略实施的风险。 从案例中看，大公国际在实施发展战略时的主要风险是什么？如何应对？

从解决思路上看，这里的风险主要是指实施发展战略时出现的风险。在实施过程中，企业要加强对发展战略实施的统一领导，制定相应的工作计划。同时，企业还应采取切实有效的保障措施，确保发展战略的顺利贯彻实施。

从解决措施上看，大公国际虽然明确了民族品牌国际化的发展战略，但之前企业面临的信用市场不发达、缺少稳定的盈利模式等问题仍在，特别是发展战略如何与企业经营管理实践对接的问题仍很突出。为此，大公国际通过与国际著名评级机构穆迪建立技术合作关系（1999 年）、形成拥有产权的《大公信用评级方法》（2000 年）、建立我国资信评级业的第一个博士后科研工作站（2003，欧元之父蒙代尔等人为科研站启动仪式揭牌）以及成立国内第一所培养信用评级专业人才的高等院校（2007 年）等方式，完善技术、人才等方面的配套措施，确保民族品牌国际化的发展战略顺利实施。

4. 发展战略的组织领导工作。从案例中看，大公国际在发展战略组织领导方面的主要问题是什么？如何应对？

从解决思路上看，大公国际在组织领导方面的问题主要体现在决策层和执行层方面。决策层的主要职责是对公司长期发展战略和重大投资决策进行研究并提出建议。执行层应当担当发展战略实施的执行者，发挥在资源分配、内部机构优化、企业文化培育、信息沟通、考核激励相关制度建设等方面的协调、平衡和决策作用，确保发展战略顺利落地，落实到每一位普通员工。如果各个层级能履职到位，发展战略就能较好地制定和有效实施。反之，就是问题或潜在的风险。至于如何应对，企业需要针对发展战略的制定和实践问题，找准原因，结合发展战略的长处和不足，有步骤地加以改进。

从解决措施上看，大公国际当时没有战略委员会，其相关职责由董事长兼总裁关建中亲自负责。关建中具有市场敏感性和综合判断能力，特别对国家宏观政策走向及国内外经济、行业发展趋势等较为熟悉，但相对于战略委员会的独立性和专业性，仍略逊一筹，毕竟集体的力量大过个人。

这个问题在发展战略制定后的分解落实阶段体现得尤为明显。理论上，企业经理层应着手将发展战略逐步细化，确保制定的发展战略落地。但实际情况往往是执行层对关建中超前的发展战略理解不透彻，导致发展战略实施不到位，具体到人力、评级、营销、合规、风险等职能部门和业务部门的普通员工，理解与执行的偏离度更高，以致出现常见的"上热中温下冷"等现象。这些问题日积月累，并相互影响，在某种程度上，成了大公国际合规风控意识不足、业务管理水平不高等问题的根源，也成了日后大公国际被北京证监局责令全面整改的前兆。

大公国际被中国国新控股有限责任公司战略重组后，仍以建设"世界一流"评级企业为目标，着力加强和完善法人治理结构、内控体系建设，提升合规管理水平以及建立长效激励约束机制，激发骨干员工的积极性，努力为我国评级行业的发展和进步作出应有的贡献。这说明"为国而战"仍然是大公国际的核心指导思想，也充分说明一流的发展战略允许三流的战术执行，但三流的发展战略则必须靠一流的战术执行支撑。

5. 发展战略的宣传培训工作。 从案例中看，大公国际在发展战略的宣传培训工作方面的主要问题是什么，如何应对？

从解决思路上看，大公国际在发展战略的宣传培训工作方面的问题，主要体现在对外和对内两个层面。其中，对内重点主要在管理层和普通员工。企业高管应当充分发挥示范带头作用，并采取内部会议、培训、讲座、知识竞赛等方式，把发展战略及其分解落实情况传递到内部各管理层级以及全体员工，营造战略宣传的舆论氛围。而普通员工则要自觉将发展战略与自己的具体工作结合起来，促进发展战略的有效实施。如果管理层和普通员工能履职到位，发展战略就能较好地制定和有效实施。反之，就是问题或潜在的风险。至于如何应对，企业同样需要针对问题，找准原因，进行有计划的整改。

从解决措施上看，大公国际的管理层熟悉公司业务经营运作特点，具有较强的综合素质和实践经验，但在理解和执行民族品牌国际化的发展战略上仍存在不同程度的分歧。尽管如此，发展战略及其分解落实仍能较为顺畅地进行。宣传方式主要以内部会议为主，培训的力度有待提升，战略宣传的舆论氛围不够。相反，对外宣传特别是在国际上，大公国际及其发展战略的知名度则较高。

大公国际战略重组后，表示要在监管部门的指导下推动大公国际苦练"内功"，以建设"世界一流"评级企业为目标，努力为市场客户提供与国际接轨的更加优质、专业的评级服务。这表明，此时的大公国际在坚持发展战略的前提下，将宣传培训的着力点开始由外向内转变，而这也应该是当时大公国际在应对问题的主要对策。

2.2.4 知识延伸

1. "92 派"下海潮中的大公国际。

1992 年，我国迎来下海潮，大批在政府机构、科研院所和高校的知识分子受南方谈话的影响，纷纷主动下海创业。比如，《管理世界》杂志社的副总编辑陈东升下海创建中国艺术品拍卖行业的第一家现代企业中国嘉德国际拍卖有限公司，后又创办了泰康人寿保险股份有限公司（现泰康保险集团）。国家物资部对外经济合作司的司长田源下海创办中国国际期货经纪有限公司（后改名为中国中期期货经纪有限公司）。复旦大学的教师郭广昌下海成立了广信科技咨询公司（后改名为复星国际），该公司是上海第一批房地产销售公司之一。山东沂源县外经委的副主任朱新礼下海创办汇源。航空航天工业部审计室主任刘继忠下海创建了大公国际，一同下海的还有后来负责大公国际的航空工业部的财务司处长关建中。

这是一个时代的现象，据相关数据显示，1992 年有 12 万名公职辞职下海，1000 多万人停薪留职。在我国文化传统中官本位的思想浓厚，学而优则仕是秦汉以后知识分子根深蒂固的理想，在士农工商的观念中，商排名最后。弃官从商在前人包括现代人看来是不可思议的。而在那个时代，知识分子精英下海创业经商成为时代的主流，企业家则成为当时的主角。所以，如果忽略这个时代背景，则看不清大公国际以及后来在这个浪潮中起伏的企业。

2. 董事长关建中的管理魄力。

关建中在 1998 年 5 月接手的大公国际已经成立接近 4 年，但长期处在亏损状态，这是由于整个评级行业刚刚在中国起步，没有找到合适的商业模式。在美国的关建中看到信用评级对整个金融市场和资本市场运行的重要性，选择进入他曾经一度参与后又离开的评级事业。注意，这时的关建中是"92 派"下海大潮中的一员，行事为人有着那个时代的特点。从后来大公国际的发展看，说关建中是中国信用评级行业创始人之一和行业发展领军人物并不为过。

关建中变卖在北京的房产，进入长期亏损的大公国际。有大公国际的高管说，20 多年前就敢变卖家产投身到一个看起来亏损的行业，这需要的不仅是理想与情怀，还有异于常人的管理魄力。不仅如此，关建中进入大公国际后，付费 60 万美元与全球信用评级的先驱者——美国穆迪投资服务公司建立为期 3 年的技术合作关系。这在当时也是一件大事，时任中国人民银行副行长的尚福林出席了合作仪式。但后来关建中又拒绝美国穆迪投资服务公司的高额收购。至于关建中开创的诸多行业第一，都是关建中重视评级研究、大胆投入的表现。2012 年，大公国际联合美国、俄罗斯的独立评级机构成立世界信用评级集团，在中国香港召开国际评级体系论坛，一天花费高达 3 000 万元。这就是关建中管理魄力的表现。

至于企业内部管理中的乱象，包括较高的离职率，大公国际一度因为 3 年以上从业经验的分析师数量占比太少，被监管机构批评，但这不影响关建中的特立独行。有人把关建中的特立独行和大公信用评级戏称为"关建中思想"。有些离职的高管对其的称谓也透露着深深的恭敬。

3. 信用评级与内部控制的关系。

信用评级作为第三方信用评级中介机构，以一套相关指标体系为考量基础，对债务人如期足额偿还债务本息的能力和意愿进行评价，并用简单的评级符号表示其违约风险和损失的严重程度。信用评级作为市场经济条件下信用关系发展的产物，可以为经济管理部门、金融机构、投资者等提供信息。

从与企业内部控制的关系看，信用评级可以从客观中立的立场对企业经营管理水平综合评价，通过分析评价，让企业看到自身存在的问题和风险，从而有助于企业改善经营管理。对外部监管机构来说，信用评级的结论可以成为监管部门监管的参考依据。

2.3 复盘与思考

本章选取的两个案例，分别是大公国际和CAO。大公国际曾号称世界第四，中国第一。其主打的民族品牌国际化战略，在坊间多有异议。从结果看，大公国际被国新控股收购，正式成为央企的一员，使民族品牌国际化的企业战略是否正确的探讨，多了一层思考空间。

中航油事件让CAO长期成为内部控制的负面典型，但不可忽视其之后重组转型带来的持续成功，更不能忘记CAO从一个外国小公司迅速发展壮大，成为外国中资企业的一面旗帜，其中的一个关键因素是战略到位。不仅如此，企业的发展战略和人力资源、资金活动、采购活动、全面预算等息息相关。不管是大公国际还是 CAO，或是别的企业，如果没有这些具体业务部门的活动，其企业发展战略就不能落到实处，导致效果不佳。

第 3 章 | 人力资源

　　本章的主题是理解企业内部控制中的人力资源，了解并关注人力资源的引进与开发、使用与退出中的风险问题。人力资源是指企业组织生产经营活动而录（任）用的各种人员，包括董事、监事、高级管理人员和全体员工。人才是企业发展的第一资源，在组织架构和发展战略明确后，人力资源成为企业发展中的关键。

　　通过阅读本章内容，读者将对企业人力资源引进与开发、使用与退出中的风险问题有一个整体认识，初步了解应对人力资源风险的相关方法，学习如何加强人力资源方面的风险管理。这有助于提高企业决策层和执行层的工作能力和效率，提升企业在激烈市场竞争中的长久优势，确保企业发展战略的全面实现。

3.1 中航油（新加坡）公司：关键的高管

本案例主要围绕企业人力资源中的主要风险展开。加强人力资源建设，对增强企业活力、建立良好的人力资源制度和运行机制，夯实企业发展基石具有重要的意义。

3.1.1 案例导读

1997 年 CNAF 在公开竞聘的基础上，委任陈久霖出任 CAO 总经理。在陈久霖的带领下，CAO 从一个只有几人且经营艰难的小公司一跃成为国际知名跨国企业。

在人才引进与使用方面，根据 CAO 国际化战略，陈久霖招聘员工多考虑其国际背景。中航油事件前，CAO 管理层 90% 是从美国、韩国、新加坡等七国招聘；45% 的员工曾在世界知名的跨国公司担任过管理人员。针对期权交易急需人才的情况，陈久霖从世界第四大石油公司加德士澳大利亚分公司聘用贸易经理。这些对 CAO 的快速发展起到重要作用。与之类似，为了招聘具有国际视野的管理人士，陈久霖先后换掉 CNAF 委派的财务经理，转而聘用新加坡当地人。

中航油事件发生后，针对原董事会中国籍特别是 CNAF 高管占据主导地位，独立董事被边缘化等问题，CAO 聘请新加坡籍独立董事担任董事长，新任董事中至少 1/3 是独立董事。

针对原总裁决策和执行合一的做法导致内部制度失效等问题，CAO 设立高级办公会议代行 CEO 职能，特别工作组负责落实高级办公会议的决策和要求，从而初步实现股东会、董事会和管理层三者分立，决策、执行、监督分离，使权力有效制衡。

针对风险管控体系执行弱等问题，CAO 建立举报等制度，特别是吹哨机制（whistle blowing mechanism），即当下属职员发现违规，要提醒上级或者报告外界。

针对之前风险管控体系虽较为健全，但管理人员的风险意识不强等问题，CAO 以恢复运作期权危机事件以来停顿的油品国际贸易等核心业务为契机，引入 BP 亚洲投资有限公司等国际大型石油公司的培训机制，抓好人才专业技能培训工作，特别是风险管理，强化各董事和相关管理人员的风险意识。没有董事会的批准，管理层不能采取任何行动。

2006 年 CAO 恢复上市，2007 年特别工作组完成使命，2008 年在选出新总裁后积极开展套期保值业务。2010 年新加坡籍董事长离职，由 CNAF 总经理接任，这标志着 CAO 全面恢复正常的公司治理结构，开始新的征程。

3.1.2 问题聚焦

1. 人力资源。 企业作为创造社会财富的主体，在组织架构完善和发展战略目标确定后，起关键作用的就是人力资源。经济学把人作为财富的来源对待，从投入产出的角度研究人对经济发展的作用，关注的重点是产出问题。人力资源处在特定的社会和时代中，不同社会形态和文化背景对人力资源的看法也不同。作为有生命的个体，人在自我价值实现过程中具有能动性，这是人力资源发挥作用的前提和出发点。人力资源缺乏或过剩、结构不合理、开发机制不健全，都有可能导致企业发展战略难以实现。

从 CAO 案例看，企业应该制定什么样的人力资源政策，选拔和聘用员工的标准是什么?

2. **人力资源与发展战略的关系**。人力资源在企业发展中起着重要的作用，是企业战略实现的重要影响因素。但人力资源要把企业发展战略作为依据和行动方向的指引，制定相匹配的人力资源政策，促进企业健康可持续发展。在企业发展战略和人力资源政策两者的关系中，发展战略决定了人力资源政策；同时，人力资源政策又对发展战略具有反作用。良好的人力资源政策会激发人的潜力，为企业发展战略服务；反之，则会影响企业的生存发展。

案例中 CAO 的人力资源政策的制定是否基于发展战略，是否同时促进了企业战略目标的实现?

3. **人力资源政策的核心**。人力资源是企业发展的灵魂，有了良好的人力资源制度和运行机制，才能制定出科学的发展战略，最大限度地激发全体员工的创造力，最终确保发展战略目标的实现。因此，人力资源管理的核心是建立一套科学的人力资源制度和运行机制，特别要注重激励和约束相结合，创造良好的工作环境，合理引进和开发人才，强化人力资源风险管理，促进企业健康可持续发展。

从案例中看，CAO 在多年的经营管理中是否建立了科学的人力资源制度和运行机制?

4. **高管团队建设**。决策层和执行层的高管团队建设在企业人力资源管理中居于首要位置。其中，企业董事会成员和董事长是决定企业发展战略的关键管理人员，决策层的决策正误与否，对企业生存发展有重要影响；经理层的作用同样重要，若执行不到位，再好的发展战略也不会成功。因此，加强高管团队的建设，对夯实企业发展基础具有重要的意义。

案例中 CAO 在高管团队的建设中的风险是什么，如何应对?

5. **人力资源退出机制**。人力资源的引进与开发、使用和退出保持循环顺畅，可以优化人力资源配置。人才能上能下、能进能出是一个企业运营的健康状态。因此，不论是国有企业还是民营企业，都应该从战略层面重视人才退出。《企业内部控制应用指引第 3 号——人力资源》指出，如果人力资源退出机制不当，可能导致法律诉讼或企业声誉受损。其中，董事、监事、高级管理人员的退出，比专业技术人员和普通员工的退出对企业影响更大。

从案例中看，陈久霖因中航油事件退出 CAO，是不是企业人力资源退出的一种形式？

3.1.3 问题应对思路与问题解决

1. 人力资源。从 CAO 案例看，企业应该制定什么样的人力资源政策？选拔和聘用员工的标准是什么？

从解决思路上看，企业的生存与发展离不开人力资源的支持。要结合案例去理解什么是人力资源政策，观察 CAO 在不同阶段选任不同员工的标准，同时，根据企业内部规范的相关要求进行判断。

从解决对策上看，对于为了实现目标而制定的有关人力资源的获取、开发、保持和利用的政策规定，企业一般会根据自身发展的不同时期、高管及普通员工的不同层级、技术和市场等不同类别的情况而制定。在 CAO 成立初期，由于长期处于亏损状态，CNAF 选派陈久霖担任新的总经理。陈久霖被任用的原因是个人素质全面，具有英语等特长。在发展壮大时期，CAO 主要招聘具有国际背景和专业特长的员工，以加速公司发展。中航油事件后，CAO 进入新的发展时期，以恢复重建为主，人力资源政策重点在董事、监事、高级管理人员等。

《企业内部控制基本规范》规定，企业应当制定和实施有利于企业可持续发展的人力资源政策。同时，企业应当将职业道德修养和专业胜任能力作为选拔和聘用员工的重要标准。《企业内部控制应用指引第 3

号——人力资源》规定，企业应当根据人力资源能力框架要求，明确各岗位的职责权限、任职条件和工作要求，遵循德才兼备、以德为先和公开、公平、公正的原则，通过公开招聘、竞争上岗等多种方式选聘优秀人才，重点关注选聘对象的价值取向和责任意识。

2. 人力资源与发展战略的关系。案例中 CAO 的人力资源政策的制定是否基于发展战略，是否同时促进了企业战略目标的实现？

从解决思路上看，企业内部控制相关制度规定，企业应根据发展战略，合理配置人力资源，调动全体员工的积极性，发挥员工的潜能和创造性，为企业创造价值，确保企业战略目标的实现。要结合案例找到人力资源管理政策及发展战略，在此基础上，根据企业所处的阶段考察两者的关系。

从解决对策上看，1997 年，CNAF 在公开竞聘的前提下，选派陈久霖担任新的总经理。当时 CAO 主要的工作是为母公司安排船运，业务范围较小，经营长期处于亏损状态。CNAF 选拔陈久霖的主要考虑是想救活处在亏损状态中的 CAO，从大的背景看，这是当时 CNAF 在践行我国对外开放的战略。陈久霖担任总经理后，在国际化发展战略的指引下，主要招聘具有国际背景和专业特长的员工。与之类似，为了招聘具有国际视野的管理人士，陈久霖先后换掉 CNAF 委派的财务经理，转而聘用新加坡当地专业人士。这些对 CAO 的快速发展起到重要作用。

中航油事件后，CNAF 确定战略重组 CNAF，根据治理结构改革的需要，针对董事、监事、高级管理人员存在的问题，聘请新加坡籍独立董事担任董事长，设立高级办公会议代行 CEO 职能，这对稳定人心，恢复重建起到了重要作用，也彰显了我国政府的魄力和国企的责任。

3. 人力资源政策的核心。从案例中看，CAO 在多年的经营管理中是否建立了科学的人力资源制度和运行机制？

从解决思路上看，对于企业是否建立了科学的人力资源制度和运行机制，有两个层面的认识：其一，是否符合企业内部控制的相关规定和要求，其二，是否在发挥人的主观能动性的基础上为企业创造了财富和价值。

从解决对策上看，根据企业内部控制相关制度的标准，良好的人力资源制度和运行机制，不但能够调动全体员工的积极性，而且能够促进员工素质不断提升，使全体员工爱岗敬业、积极进取，甘愿为企业发展贡献终生。

CNAF 选派陈久霖担任总经理，不但救活并壮大了 CAO，同时也使陈久霖个人的主观能动性发挥到极致。陈久霖从"过账"开始争取进口航油的配额权，到力排众议进行实业投资形成新的增长引擎，再到利用自有资产在外国成功上市，实现国有资产的大幅增值。决策者的思路决定着公司的出路，在陈久霖的领导下，整个企业整体团队充满生机和活力，可以说，这些为企业长远战略和价值提升提供了充足的人力资源保障。

4. **高管团队建设**。案例中 CAO 在高管团队的建设中的风险是什么，如何应对？

从解决思路上看，高管团队的建设应当关注的风险主要体现在引进、开发、使用、考核、激励和退出等方面。风险作为一种不确定性，并不是实际工作中存在的问题，相反有可能与成功是一物两面，因为危机中也孕育着机会。在梳理 CAO 的发展过程中，要观察其中潜在的风险。同时，结合内部控制的相关规定，判断与之对应的风险类型。

从解决对策上看，上级选派陈久霖出任 CAO 的总经理，并采纳其调整发展战略的建议，将 CAO 定位为以航油采购为主业的石油贸易公司。上级对 CAO 的激励机制采用的是利润导向，即利润就是评价指标，这种激励机制遵守商业原则和国际惯例，可以充分激发管理者的聪明才智，使其真正成为企业的核心领导者；同时，也会强化管理团队追逐利润动机，从而忽视可能存在的风险。这种情况在 CAO 进入石油实业投资领域同样存在。在中航油事件中，这种潜在的风险因期权交易而爆发。在重组过程中，上级通过聘请外籍董事长和空缺总裁等方式来应对风险，但主要是改变高管，并没有改变这种激励机制。从长远来看，激励机制和约束机制应共同保障企业正常运行。

《企业内部控制基本规范》指出人力资源激励约束制度不合理、关键岗位人员管理不完善，可能会导致人才流失、经营效率低下等风险。这一风险主要侧重于企业的专业技术人员，对高管团队建设中激励约束制度中的风险识别也具有参考意义，

5. 人力资源退出机制。从案例中看，陈久霖因中航油事件被迫退出CAO，是不是企业人力资源退出的一种形式？

从解决思路上看，人力资源退出的形式多样，通常说的解雇只是人才退出的主要方式之一，而非全部。人才退出也包括暂时退出岗位接受教育和培训，结束后如果达到了企业的要求仍可继续工作。因此，判断陈久霖的退出是否属于企业人力资源退出的形式，需要结合内部控制相关规定，再根据相关理论和常识确定。

从解决对策上看，目前关于人力资源退出的定义尚未统一，比较一致的看法是人力资源退出要在遵守法律法规的基础上，严格按照法律规定进行操作。离职的形式有离岗转岗、主动辞职，有合约到期式离职、退休（提前退休）、病退和死亡等。《企业内部控制基本规范》指出的"人力资源退出机制不当风险"，主要侧重于企业辞退员工、解除员工劳动合同等而引发的劳动纠纷。这种情况下的退出要以科学的绩效考核机制为前提，同时还需要相关的环境支撑。结合 CAO 的具体案例来看，在中航油事件后，上级对 CAO 高管做出"双开"处分，即开除党籍、开除公职，这是中国共产党的纪律处分，同时也是人力资源退出的特殊形式。

3.1.4 知识延伸

中航油事件对 CAO 及央企的内部控制影响重大且深远，自此以后，央企开始重视内部控制。CAO 经过重组后重新上市，目前已稳步发展成为国际一流能源贸易公司。纵观 CAO 从成立到重建，从最初亏损到快速发展再到巨亏和重组上市，可以看出人在企业内部控制建设中居于重要位置，经过各方博弈形成的制度则可以有效抑制人性的弱点。上级的支持特别是重组时国资委的决心，则是 CAO 内部控制落实到位的关键，对当下国有企业内控治理建设来说同样有参考意义。

1. 人在企业内部控制建设中居于重要位置。

1997 年，在亚洲金融危机等不利的外在环境下，以陈久霖为代表的管理层迅速使亏损休眠的 CAO 发展壮大，成为一家在新加坡证券交易所上市的国际石油贸易公司，说明管理层有能力，并具备创新精神，也说明上级在人力资源引进与开发中，充分发挥了人的主观能动性。国家重要期刊曾发表调研文章，进行专门报道即证明。

但在中航油事件中，对内部控制的批评同样也指向管理层。在重组过程中，针对人的调整全面而深刻，甚至连被聘请的外籍董事长都感受到了其中的力度。

2. 经过各方博弈形成的制度更重要。

如果按照 CAO 风险管控制度执行，亏损将止于 500 万美元，后来 5.5 亿美元的巨亏可以得到有效控制。这说明制度可以抑制人性的弱点。当然，制度由人制定，人制定的制度若不执行相当于没有制度。但一个制度的形成需要经过各方博弈，否则制度难以真正得到各方认同。

未执行的制度严格来说不是真正的制度，而是制度文件。制度一旦定型，将对各方利益形成共同制约。特别是通过信息化手段，将岗位职责与业务流程固化到信息系统，严格落实各项内控制度，可杜绝人为因素的影响。

3. "一把手"的重视是企业内部控制落实到位的关键。

内部控制建设被视为"一把手工程"，领导的重视与否与决心程度，对内控的效果具有实质性的影响。中航油事件前，CAO 按照国际惯例建立了风险防范等制度，但总裁过强的影响力成为一把"双刃剑"，在成就 CAO 的同时，也在一定程度上导致了其内控制衡制度失灵。

在重组过程中，在上级特别是国资委的主导下，通过聘请外籍董事长、空缺总裁等方式，强制监督权、决策权、执行权三权分立，实现了权力有效制衡。事实证明，这个体制设计保证了 CAO 后来长期的发展，而严格按照国际惯例重建则是 CAO 从 0 到 1 转折的分界点。

3.2 阿里巴巴：找到合适的员工

本案例围绕企业人力资源中的主要风险展开，对学习如何合理配置人力资源、发挥员工的潜能和创造性、为企业创造长远价值具有重要的意义。

3.2.1 案例导读

阿里巴巴成立于 1999 年，起初主要经营网上批发贸易业务，让中国的小型出口商及创业者接触全球买家。阿里巴巴意为"芝麻开门"，象征为小企业开启财富之门。历经 20 多年的发展，目前阿里巴巴的全职员工总数已超过 25 万人，是人才云集的精英组织。但在阿里巴巴发展初期，除了大家熟知的 18 位创业者，在册的全职员工并不多。这与那个时代人们对互联网的理解有关，当然与阿里巴巴战略主导下的人力资源策略更相关。

阿里巴巴创始人的理念是"让天下没有难做的生意"，希望通过互联网支持小企业发展。不管是最先布局的B2B（Business to Business，企业对企业），后来进入的C2C（Customer to Customer，个人对个人）业务，还是后来的淘宝、支付宝、菜鸟以及云计算，从电商零售到全面进入新零售，再到阿里云和进入生活服务领域等，每一次的战略调整和升级，都没有改变宗旨，即只要可以降低小企业利用新技术的难度，对客户有用，就是企业未来发展的方向。

阿里巴巴创始人反复强调，阿里巴巴最大的产品，不是互联网产品，是干部。整个阿里巴巴的管理体制都是围绕人的选、育、用、留设计的，旨在找对的人。这个"对的人"并不分天南海北，高低贵贱，其核心是让企业充满创业精神的人。阿里巴巴的这种人事理念，与互联网电商平台的特点和业务有关。坚持不了的人自然就淘汰，而适应者则成为阿里巴巴的基石。比如当时在阿里巴巴担任首席架构师的王坚，坚持了十年，后来成了中国工程院院士。

3.2.2 问题聚焦

1. 人力资源政策。人力资源管理属于战略制定之后的战略执行阶段的工作，包括预测人力资源的需求，通过招聘、培训、绩效管理、薪酬管理、职位设计、组织设计、劳资关系和员工沟通等的实践，确保企业获得所需的人力资源。如果人力资源缺乏或过剩、结构不合理、开发机制不健全，可能导致企业发展战略难以实现。

从案例中看，阿里巴巴人力资源政策存在的主要风险是什么？

2. 企业人力资源规划。人力资源规划是各项具体人力资源管理活动的起点和依据，会直接影响企业整体人力资源管理的效率，是人力资源管理的首要工作。人力资源规划可以实现人力资源与其他资源的最佳配置，在企业规划中起决定性作用，对实现企业发展战略起到重要的智力支持作用。如果企业人力资源没有规划或规划不合理，不符合生产经营的需求，会导致企业发展战略打折扣甚至难以实现等后果。

从案例中看，阿里巴巴是否重视人力资源规划？

3. 人力资源的引进与开发（专业技术人员）。 企业应当根据人力资源总体规划，结合生产经营实际需要，制订年度人力资源需求计划，完善人力资源引进制度，规范工作流程，按照计划、制度和程序组织人力资源引进工作。其中，专业技术人员特别是核心专业技术人员是企业发展的动力。企业的发展离不开专业技术人员的创新和研发。在企业现有专业技术人员不能满足发展战略的情况下，企业要注重通过各种方式引进相关专业技术人员。

从案例中看，阿里巴巴是如何引进专业技术人员的，是否存在风险，如何应对？

4. 普通员工的引进与开发。 普通员工占据企业人力资源的大部分，主要在企业生产经营的一线。他们通常具有流动性强的特点，因此往往成为企业年度人力资源引进工作的重要内容。一般企业会根据年度人力资源计划和生产经营的实际需要，通过公开招聘方式引进普通员工。企业通常会招收具有一定技能、能够独立承担工作任务的员工，以确保产品和服务质量。

从案例中看，阿里巴巴是否重视普通员工的引进？

5. 中小企业内部控制的重点领域。 中小企业是市场的主体，即通常说的"5、6、7、8、9"（中小企业提供了 50% 以上的税收、创造了 60% 以上的国内生产总值、完成了 70% 以上的发明专利、提供了 80% 以上的就业岗位、占企业总数的 90% 以上，并容纳 90% 以上的新增就业）。《小企业内部控制规范（试行）》规定，小企业建立与实施内部控制应当重点关注资金管理、重要资产管理（包括核心技术）、债务与担保业务管理、税费管理、成本费用管理、合同管理、重要客户和供应商管理、关键岗位人员管理、信息技术管理和其他需要关注的领域。其中与人力资源相关的是关键岗位人员管理。

从案例中看，小企业内部控制的这些重点关注领域是否适用于阿里巴巴？

3.2.3 问题应对思路与问题解决

1. **人力资源政策**。从案例中看，阿里巴巴人力资源政策存在的主要风险是什么？

从解决思路上看，阿里巴巴和所有企业一样，其生存与发展离不开人力资源的支持，在人力资源政策制定及实施过程中同样如此。不同的是，阿里巴巴作为互联网公司，具有不同于传统行业的特点，同时创始人及其团体也各具特色，且当时的阿里巴巴还在发展初期。因此在分析阿里巴巴可能存在的风险时，除了关注一般的人力资源政策存在的风险外，还要关注其行业及创始人特点以及所处的发展阶段的风险。

从解决对策上看，阿里巴巴集团及其发展战略，更像是一个普通人看不明白的宏大叙事，离普通创业者柴米油盐的生活过于遥远。不过当时阿里巴巴和大部分创业公司一样，目标首先是活下来，然后才能去谋发展，其间面对的风险与所有创业公司相同。

不同的是，阿里巴巴身处互联网行业，创始团队需要招到相应的人才。此时，不仅是人力资源管理，其整个管理体制都是围绕人的选、育、用、留设计，只为招到对的人。换句话说，这会让管理团队投入在运营等其他方面的精力减少，同时也有可能在反复挑选中招不到合适的人。当然，这种"与众不同"的人力资源政策形式也会让不少人止步，这个在实际工作中都会成为一种风险，从而使人力资源出现缺乏、结构不合理的情况，以致企业发展战略难以实现。

2. 企业人力资源规划。从案例中看，阿里巴巴公司是否重视人力资源规划？

从解决思路上看，阿里巴巴公司始终坚持"让天下没有难做的生意"的理念，希望通过互联网支持小企业发展，有效参与国内及国际市场竞争。创始人并不懂技术，但对人才高度重视。其对应到人力资源管理上，就是对人才等相关工作的高度重视。创始人反复强调，阿里巴巴最大的产品，不是互联网产品，是干部。阿里巴巴认为具体的人事管理是末端细节，人才战略规划才是根本。

从解决对策上看，早期阿里人事管理培训规定，管理工作 70% 的精力都要放在招聘上。因此，整个阿里巴巴的管理体制都围绕人力资源从招聘到留人的流程设计。不过，在 2004 年阿里巴巴只有一个 B2B 公司，2005 年收购雅虎后，对公司进行了拆分，变成集团式结构。因此，在 2006 年年底之前，阿里巴巴的人力资源都是集中管理。

3. 人力资源的引进与开发（专业技术人员）。从案例中看，阿里巴巴是如何引进专业技术人员的，是否存在风险，如何应对？

从解决思路上看，阿里巴巴和传统行业人力资源的引进与开发相比，有共性也有自己的特点。其中，专业技术人员对阿里巴巴意义重大，因为创始团队要通过专业技术人员不断降低小企业利用新技术的难度。这导致阿里巴巴在人力资源的引进与开发中，技术上的风险可能会比一般企业更为突出。

从解决对策上看，针对专业技术人员，阿里巴巴从招聘开始到考核，除了分析应聘人员的基本素养、专业能力、学习能力以及适应环境能力外，还特别注重具有创业精神的专家。专家不是全才，是在某个领域深耕的人才，某种意义上这类人才不能用固有的标准去评价，特别是在互联网行业。所以阿里巴巴在人力资源引进和开发上，也不走寻常路，让拥有互联网思维的人才与业务相互匹配，匹配不了的就自然淘汰，而适应者则成为阿里巴巴的基石。比如，阿里巴巴在云计算的人才选拔上，基本上每两年会换掉三分之一的员工，坚持下来的都成为重要的员工。

但是，当这些掌握企业核心技术的专业人员离职时，也有可能会把企业核心技术或商业秘密外泄。因此，无论是核心专业技术人才的流失，还是商业秘密外泄都是阿里巴巴要面临的巨大风险。

对于上述风险，特别是关键技术及商业秘密泄密的风险，通常做法是与该岗位员工签订有关岗位保密协议，明确保密义务。阿里巴巴当然不例外，但更主要的手段还是打造企业精神，即在共同价值观的感召下，以事业、待遇和情感留人，最大限度地确保这些信息的安全。

4. 普通员工的引进与开发。从案例中看，阿里巴巴是否重视普通员工的引进？

从解决思路上看，阿里巴巴对人才的重视，并不分专业技术人员和普通员工，只要是对的人，在阿里巴巴都是人才。特别是阿里巴巴早期更为注重互联网销售的时期。

从解决对策上看，在阿里巴巴早期发展阶段，普通员工招聘的一般都是普通人，学历不高，出身平凡，却对成功有热切的渴望。准确地说，当时的员工会开诚布公地说工作是为了赚钱、买房买车。而这支后来被称为"中供铁军"（即阿里巴巴早期从事"中国供应商"的销售团队）的队伍，成就了后来著名的阿里巴巴集团。出身于"中供铁军"的CEO、COO遍布整个互联网圈。阿里巴巴把当时不被重视的互联网服务，提升到了战略位置，把当时一群平凡的普通员工，打造成了互联网精英，并且成为了行业标杆。

5. 中小企业内部控制的重点领域。从案例中看，小企业内部控制的这些重点关注领域是否适用于阿里巴巴公司？

从解决思路上看，这里需要首先界定小企业的标准，再根据当时阿里巴巴的发展情况进行比照，如果符合就适用，不符合就不适用。

从解决对策上看，工业和信息化部、国家统计局、发展改革委、财政部等四部门发布的《中小企业划型标准规定》将中小企业划分为中型、小型、微型三种类型，具体标准根据企业从业人员、营业收入、资产总额等指标，结合行业特点制定。具体到软件和信息技术服务业，从业人员 300 人以下或营业收入 10 000 万元以下的为中小微型企业。其中，从业人员 100 人及以上，且营业收入 1 000 万元及以上的为中型企业；从业人员 10 人及以上，且营业收入 50 万元及以上的为小型企业；从业人员 10 人以下或营业收入 50 万元以下的为微型企业。按照这个标准，阿里巴巴在早期还算不上大企业。

3.2.4 知识延伸

1. 通用电气人力资源与阿里巴巴的关系。

阿里巴巴绩效管理体系的基本理念和框架借鉴了美国通用电气公司（General Electric Company，GE）。2001 年关明生加入阿里巴巴，作为为 GE 服务了 25 年的高管，关明生把 GE 管理上优秀的经验带到了阿里巴巴，帮助阿里巴巴打造了一套与国际接轨的绩效管理体系，奠定了阿里巴巴绩效管理的基础。

比如，"活力曲线"法则以及基于这个法则的淘汰和激励制度等，都是阿里巴巴借鉴并强化了 GE 对价值观推崇的做法。

2. 阿里巴巴的政委体系。

政委在阿里巴巴的作用主要是对价值观考核发挥软力量。在阿里巴巴，人力资源工作分为两部分，一部分叫作政委体系，一部分叫作职能体系。

政委在阿里巴巴价值观考核过程中发挥着重要作用。政委可以直接介入考核过程，起到维护考核公正客观和协调分歧的作用。通过建设开放透明的氛围和有效的沟通机制，阿里巴巴的政委成为其价值观考核推行的协调者和润滑剂。

3. "中供铁军"执行下的盈利模式。

阿里巴巴成立初期，收入有限。但是通过"中供铁军"的努力，2009年中国供应商数量增长 123%，净增用户大约 53 000 个，增加收入 10.5 亿元人民币，同年阿里巴巴营业利润为 10.7 亿元人民币。中国供应商占当时营业收入的 70%。"中供铁军"的做法除了常规的电话销售，还会逐个去线下拜访客户，这使阿里巴巴在江浙地区乃至长三角地区稳固占据了市场。

此外，阿里巴巴通过自主开发 CRM（Customer Relationship Management，客户关系管理）系统，记录了每位"铁军"拜访客户的信息，这是"中供铁军"成功的又一重要因素。

3.3 复盘与思考

本章选取的两个案例，分别是 CAO 和阿里巴巴。中航油事件后，曾处在高光时刻的英雄般的人物退场。在 CAO 过渡期间，收拾并重整局面与两个人有直接关系，一位是后来出任董事长的新加坡人林日波，另一位是从国内紧急调动的特别小组组长顾炎飞。但这两位关键人物的相继离场，并没有影响 CAO 的重新启航，可以说重组后的人力资源安排在其中起到了重要作用。

阿里巴巴开互联网电商风气之先河，其不走寻常路的发展思路，酝酿着其后一次次的重大变革。这在某种程度上也决定了阿里巴巴未来发展的基调和走向，反映在人力资源上就是要找到合适的人。这成就了阿里巴巴，也把阿里巴巴带到一个需要更多时间去证明的选择中。

第4章 | 社会责任

本章主题是理解企业内部控制中的社会责任，了解企业履行社会责任方面的风险问题。社会责任主要是指企业在经营发展过程中应当履行的社会职责和义务，包括安全生产、产品质量（含服务）、环境保护、资源节约、促进就业、员工权益保护等。履行社会责任是企业应尽的义务和使命。

通过阅读本章内容，读者将对企业履行社会责任有一个整体认识，初步了解应对企业履行社会责任的相关方法，学习如何加强社会责任方面的风险管理，帮助企业重视并切实履行社会责任，从根本上转变发展方式，切实提升发展质量，实现企业可持续发展目标。

4.1 中航油（新加坡）公司：做好自己是社会责任的第一要务

本案例主要围绕企业社会责任中的风险展开，对学习如何提升企业发展质量、实现可持续长远发展、打造和提升企业形象、实现发展战略具有重要的意义。

4.1.1 案例导读

2004 年中航油事件让 CAO 成为全球风险管理的负面典型，公司被迫向新加坡法院申请破产重组，陈久霖等高管或入狱，或受到经济重罚，并且牵涉到母公司 CNAF 及其派驻新加坡的董事和高管。在重组过程中，除妥善处理大量的遗留法律诉讼等问题外，CAO 还把原有的两个投资项目折价出售还债。其中一项是出售所持有的 5% 西班牙 CLH 股权，售价为 1.71 亿欧元（约 3.42 亿新元），这在未来的 4 年可以为 CAO 节省 1310 万美元的利息开支。而当初投资 CLH 是 CAO 为了得到进入欧洲油品市场的机会，为开拓欧洲乃至全球市场奠定基础。

中航油事件后，CAO 的发展战略框架需要重新制定，人员机构方案需要重新调整，核心的油品国际贸易等业务则要暂停。重组涉及十几个国家、百余个债权人，净负债 10 亿新元。重组费用超过 2 亿美元。

经过战略重组后，CAO 强化公司治理，全面恢复了公司业务，逐渐获得社会认可，承担相应的社会责任。董事会认为企业社会责任是公司业务成功的重要基础，大力推进社会责任计划，回馈社会并提升公司健康的公众形象和社会影响力。CAO 与新加坡当地华人新移民社团——新加坡天府会设立教育助学基金，主要资助来自低收入家庭或生活困难的新移民儿童求学，以及资助低收入新移民就业人士提升技能；与彼岸社会服务的学前儿童分支机构——健康起点儿童发展中心（简称 HSCDC）合作，协助新加坡当地低收入家庭的儿童教育。CAO 通过参与一系列社会公益活动和引导员工的节约意识，提倡节能环保的理念，履行企业所承担的社会责任。

4.1.2 问题聚焦

1. **企业存在的目标**。一个企业不管是大是小，是国有企业还是民营企业，都有存在的目标。对此，存在两种对立的观点：一种是股东利益最大化，另一种是利益相关者利益最大化。前者认为企业存在的目标是在合法合理的前提下赚更多的钱。后者则认为企业作为一个社会组织，要对除股东以外的利益相关方负责。也就是说，企业除了赚钱还要尽其他的责任。这是理解企业是否履行和如何履行社会责任的关键。

结合案例，能否看出 CAO 作为一个企业存在的目标？

2. **对企业社会责任的理解**。一般认为企业存在的意义就是创造利润，实现企业价值最大化，社会责任不是企业优先考虑的事情，这没有错。但企业经营良好，纳税、分红和工资福利待遇就好，这本身就是企业对国家、股东和员工的责任体现，本质上属于履行企业社会责任。同时，在生产经营过程中，做到安全生产、提升产品质量、重视环境保护和资源节约、促进就业和保护员工权益，这是企业社会责任更为直接的体现。ESG（环境，Environment；社会，Social；公司治理，Corporate Governance）强调企业经营的可持续性与对社会的影响。同时，企业在遵守有关法律以及追求经济利益的前提下，还要追求对社会有利的长期目标。

案例中，CAO 是否具备履行社会责任的条件？结合案例谈谈企业是否要承担社会责任。

3. **企业社会责任与发展战略的关系**。如果上市公司发生安全生产问题，导致股票价格下跌，从而影响企业的经济效益和市场价值，严重的还可能导致企业负责人承担法律责任。所以，企业应当高度重视履行社会责任，积极采取措施促进社会责任的履行。企业社会责任主要指企业要尽的社会职责和义务，发展战略则是企业制定并实施的长远发展目标与战略规划。

两者之间具有什么关系，能否从案例中看出来？

4. **企业社会责任与企业形象**。企业履行社会责任是打造和提升企业形象的重要举措。企业形象是指企业的社会认同度，包括国内认同度和国际认同度。社会认同度高的企业必然是优质企业。有些企业通过广告宣传打造和提升企业形象，有些企业通过包装手段打造和提升企业形象，也有些企业会通过履行社会责任打造和提升企业形象，形式多种多样。

从案例中看，CAO 是如何提升其社会认同度的，企业社会责任在此过程中起到了什么作用？

5. **慈善事业与企业社会责任**。支持慈善事业、扶助社会弱势群体是中华民族的传统美德，也是人类社会文明的重要组成部分。大力推动企业支持社会慈善爱心活动，对于组织调动社会资源、调节贫富差距、缓解社会矛盾、促进社会公平、构建和谐社会具有重要而深远的意义。企业在关注自身发展的同时，要积极支持慈善事业，扶助社会弱势群体，把慈善行为与企业发展目标有机地联系起来，通过无功利性的慈善活动，自然而然地扩大企业服务的潜在市场，以实际行动践行企业公民的责任和义务。有时，通过捐赠等慈善公益事业，企业能够收获宣传达不到的效果。但是，进行慈善事业也存在一些风险，比如虚假捐赠会导致企业形象受损，未遵守相应的程序则影响捐献顺利到达。消费者一般愿意支持在慈善事业方面做得好的企业，而抵制虚假捐赠的企业。

案例中的 CAO 主要从事了哪些慈善事业？如何预防慈善事业中的风险？

4.1.3 问题应对思路与问题解决

1. **企业存在的目标**。结合案例，能否看出 CAO 作为一个企业存在的目标？

从解决思路上看，首先需要明确一个企业的性质，再了解社会责任的概念，在此基础上，结合 CAO 的过去、现在和将来进行判断。

从解决对策上看，企业的存在首先都是为盈利，在盈利的同时，履行企业的各种社会责任和义务。2012 年 1 月发布的《上市公司治理准则》第八十六条规定，上市公司在保持公司持续发展、实现股东利益最大化的同时，应关注所在社区的福利、环境保护、公益事业等问题，重视公司的社会责任"。从这里看，该规定支持股东利益最大化观点。需要注意的是，该规定已于 2018 年 9 月修订。

案例中的 CAO 具有典型性。在成立初期，由于长期亏损，企业生存困难，包括社会责任在内的一切都无从谈起。后来 CAO 经过逐渐发展，成为明星跨国企业，使企业的资产相较成立之初扩大了近 800 倍，但是由于经营失误，又陷入了信任危机，一度接近破产。

从这里看，加强公司自身的建设是强化公司社会责任的微观基础并非虚言。CAO 始终坚持完善公司的治理结构，改善上市公司的股权结构，建立与完善独立董事制度，健全对经理层的激励机制，规范公司信息披露制度。重组后，CAO 在股权结构、董事会独立性、董事会多样性、风险管理、信息披露等方面达到较高水准。CAO 目前在亚洲、美洲和欧洲三大洲稳定开展各项多元化业务，已为中国境外的 47 个国际机场供油，其中"一带一路"沿线国际机场达到 16 个，基本承担了 CNAF 所有的国际化业务。CAO 未来将加快产品、设备、技术等输出，开展境外装备制造、科技研发项目，寻求新的利润增长点。同时，CAO 也与国内有实力的中央企业组建外国发展战略联盟，加快国际化网络进程。

所以，从这个角度看，企业存在的目标首先是管理好自身，在此基础上得到发展，然后承担相应社会公益等义务。

2. 对企业社会责任的理解。CAO 是否具备履行社会责任的条件？结合案例谈谈企业是否要承担社会责任。

从解决思路上看，同样需要先明确社会责任的概念，以及履行社会责任的条件，在此基础上，结合 CAO 的发展史进行判断。

从解决对策上看，在中航油事件前，CAO 具备承担社会责任的条件，但在重组过程中，公司暂停运营，要处理大量的法律诉讼，还要将原有投资项目折价出售还债，这时不具备履行社会责任的条件。重组后，公司发展逐渐走上正轨，不但可以回报投资者、商业伙伴、客户和员工，还能为国家战略和我国的国际机场服务。在此基础上，CAO 通过社会慈善事业，履行企业节能环保等责任。

企业是否要承担社会责任与对企业存在目标的理解直接相关。股东利益最大化的观点会认为除了维护股东利益外，无须承担额外的社会责任。而利益相关者利益最大化的观点则会强调企业作为一个社会组织，除了向股东负责，还要向利益相关方尽责。尽管两种观点长期存在争议，但目前趋于一致，即企业要为股东创造利润，同时也可以通过创造社会所需要的产品和服务、增加就业机会等来增加社会福利。不管怎样，企业作为市场经济的重要构成单位，要受到政府法律法规的约束，因此，履行社会责任是企业生存和发展的必然选择。

在 2018 年 9 月的《上市公司治理准则》（修订版）中对此前的条款进行了修订，第八十七条规定："上市公司在保持公司持续发展、提升经营业绩、保障股东利益的同时，应当在社区福利、救灾助困、公益事业等方面，积极履行社会责任。鼓励上市公司结对帮扶贫困县或者贫困村，主动对接、积极支持贫困地区发展产业、培养人才、促进就业。"该规定更强调履行社会责任的主动性和积极性。

3. 企业社会责任与发展战略的关系。两者之间具有什么关系？能否从案例中看出来？

从解决思路上看，需要分别了解企业社会责任和发展战略的具体所指，同时结合 CAO 的案例进行判断。

从解决措施上看，自从股东利益最大化和利益相关者利益最大化两种观点逐渐融合之后，企业社会责任更多指企业在经营发展过程中应当履行的社会职责和义务，这既包括企业自身的生产经营，也包括在安全生产、产品（服务）质量、环境保护、资源节约、促进就业、员工权益保护等企业更为直观的贡献。就其本质而言，这和企业发展战略的目标是相通的。企业重视并切实履行社会责任，既是为企业生存发展负责，也是为国为民负责。两者是对立统一的关系，如果能正确处理两者的关系，企业就能进入良性发展的轨道，实现持续长远发展的目标。反之，如果只是强调创造利润，忽视产品（服务）质量，可能导致企业面临巨额赔偿，甚至破产。当然，如果企业创造利润是建立在剥削员工的基础上实现，就会导致员工失去工作的积极性，影响企业的可持续发展。

在案例中，初期 CAO 由于经营亏损，暂时不具备履行社会责任的条件，但通过加强公司自身的建设，不断强化公司社会责任的微观基础，在实现发展战略的同时，也履行了产品（服务）质量方面的社会责任，并为国家"一带一路"倡议服务；同时，也履行了保护员工合法权益方面和支持慈善事业方面的社会责任。

4. 企业社会责任与企业形象。从案例中看，CAO 是如何提升其社会认同度的？企业社会责任在此过程中起到了什么作用？

从解决思路上看，要明确企业社会责任的作用，同时结合 CAO 的发展效果进行判断。

从解决措施上看，CAO 初期社会认同度的提高，是生存发展在前，获得的荣誉宣传在后。重组后，企业强化治理结构和风险管理在前，赢得市场和国际社会的肯定在后。这个过程本身就是 CAO 履行企业社会责任的表现。通过切实做到产品（服务）质量第一、环境保护符合国家质量标准等，从发展质量上下功夫，重视内涵，在认真履行社会责任的前提下实现企业发展目标。在此基础上，CAO 在重组后连续 6 年获得"最透明公司奖"，连续 3 年跻身"福布斯上市公司 2000 强"，并于 2019 年荣获新加坡企业"最佳风险管理"金奖，可以说从根本上改变了企业形象，赢得社会的广泛认可。

5. 慈善事业与企业社会责任。 案例中的 CAO 主要从事了哪些慈善事业，如何预防慈善事业中的风险？

从解决思路上看，首先要通过年报等信息去查找 CAO 从事慈善事业的具体情况，同时结合内部控制的相关要求进行判断。

从解决措施上看，案例中的 CAO 的慈善活动主要包括：设立教育助学基金助学，帮助新移民提升职业技能；与社会福利机构合作进行儿童教育，通过社会公益活动，提倡节能环保的理念，履行企业所承担的社会责任等。

针对慈善事业中的风险，企业要诚实捐款，量力而行，要充分评估捐赠财产的合法性和捐赠程序的合法性，尽量规避慈善事业的潜在问题，切实做到"好心办好事，好事结好果"。

4.1.4 知识延伸

毋庸置疑，企业的首要任务是创新和生产，企业的主要任务是给社会提供产品。如果企业失去了生产和创新功能，也就失去了其存在的基本价值。因此，任何企业的经营第一要义是搞好生产，创造出市场效益，争取为社会多纳税，实现对社会的经济责任。至于企业要不要承担经济责任之外的社会责任取决于体制因素，也与企业对此的认知有关。在市场经济下，企业要通过纳税和缴费的形式来履行应尽的社会保障责任，尽可能减少企业经营活动已经产生的或可能会产生的负面影响。但有的企业不但要尽这些社会本分，还要推出一些能产生显著而独特的社会效益和企业效益的重大举措，由此建立起企业与社会的共生关系。如果某个社会问题与企业的业务关系越紧密，则利用企业的资源和能力造福社会的机会就越大。

1. 企业为什么要高度重视社会责任？

企业社会责任是工业革命的结果，早期实践中的企业社会责任更多是资本家个人的道德行为。现代意义上企业社会责任起初是一个经济学概念，早期的思想可追溯到亚当·斯密（Adam Smith）的"看不见的手"。古典经济学理论认为，一个社会通过市场能够最好地确定其需要。如果企业尽可能高效率地使用资源以提供社会需要的产品和服务，并以消费者愿意支付的价格销售它们，企业就尽到了自己的社会责任。随着经济和社会的进步，企业不仅要对赢利负责，而且要对环境负责，并承担包括职工利益、当地社区利益等相应的社会责任。

我国的企业社会责任建设工作起步较晚。20 世纪 90 年代初到 21 世纪初，在国际企业的推动下，我国逐步重视起社会责任问题，建立了在国际采购中实施社会责任方面的准则、标准或体系。2006 年，随着我国《公司法》对企业承担社会责任的规定，我国的学术机构、非政府组织以及在华国际组织开始对社会责任进行系统的介绍和广泛的研究、讨论。政府部门也开始关注企业社会责任建设工作。在现代竞争的市场环境下，企业的经营环境已经从传统的单向循环环境转变为受企业利益相关者影响的多元环境。企业不仅要实现盈利，还要关注环境。遵纪守法、促进就业、保护员工权益等。目前，主流的看法是企业要落实社会责任，实现企业经济责任、社会责任和环境责任的动态平衡，这不但会提升企业的竞争力与社会责任，为企业树立良好的声誉和形象，还能增强投资者信心，保证企业稳健、可持续发展。

2. 什么是联合国负责任投资原则（UN PRI）？

联合国负责任投资原则（The United Nations-supported Principles for Responsible Investment，UN PRI）由联合国前秘书长科菲·安南先生牵头于 2005 年在纽约证券交易所发起，是一个与环境署金融倡议和联合国全球契约合作的投资倡议，邀请全球各地资产拥有者、资产管理者以及服务提供者组成的国际投资者参加，致力于发展更可持续的全球金融体系。UN PRI 鼓励投资者采纳六项负责任投资原则，通过签署该原则，签署方承诺在做出投资决策时遵循 ESG 议题的相关标准，并鼓励所投资的公司遵守和践行 ESG 的要求。当前，社会责任投资已成为全球重要共识，截至 2020 年末，全球 60 多个国家的 3038 家机构成为 UN PRI 签署成员。在 G20 成员中，也已有 90% 的成员制定了 ESG 披露义务相关的政策规则，覆盖的资产管理规模为 89 万亿美元，其中包括 450 余家资产所有者，如全球知名的养老金、主权基金和保险机构等，成员机构管理的资产总规模超过 80 万亿美元。其中，有 58 家机构来自我国，主要为公募基金和保险资管机构。

随着可持续发展意识的觉醒，越来越多的投资者将企业的非财务指标纳入投资决策，强调投资应当兼顾财务目标之外的社会目标，要求企业承担社会责任，力图把企业在追求利润最大化过程中造成的"外部性"内部化，以应对日益严峻的社会与环境问题。2020 年新冠疫情暴发以来，ESG 标准在全球的重视程度被推向新的高度，各项原则的内容大为拓展，环境因素中更关注生态平衡和生活环境清洁。社会因素中更关注食品和日用品的安全性，治理因素中更关注企业在困难时期对员工的人性化关怀。

从国际经验来看，政府作为市场促进者，可以对社会责任投资的发展起到举足轻重的催化作用，未来政府和监管部门的地位将更加凸显。当前我国机构投资者已经体现出参与社会责任投资的前沿意识，但参与度还有较大的提升空间。随着社会责任投资中介机构和市场的成熟，其必然会促进个人投资者理念引导和能力建设。信息披露机制和评级体系是社会责任投资的重要基础设施。增加上市公司社会责任披露的可比性和披露范围，提升上市公司 ESG 评级的实用性，明确 ESG 债券体系并提升评估认证指引的实操性，是当前和未来一段时期亟待完成的市场建设任务。

3. 新冠疫情后企业社会责任及未来发展趋势。

中国企业社会责任年会是一个较好的观察视角。这是由南方周末报社于 2009 年发起的年度活动，旨在探讨社会和谐构建进程中有责任担当的组织或个人所应遵循的道路。

在年会之前，南方周末启动中国企业社会责任调研，调研的对象为中国制造业 100 强、中国服务业 100 强、外资在华企业 100 强，以及互联网、银行、汽车、房地产、医药五大行业近 800 家企业。该调研根据中国企业社会责任研究中心开发的调研评价体系，对企业的履责实践进行评价打分，最终形成 2020 年中国企业社会责任榜单体系，在第十三届中国企业社会责任年会公开发布。本届责任年会以"绿色发展"为年度关注主题，现场将发布多份权威报告 / 研究成果。这些是我国企业社会责任前沿情况，同时也在一定程度上预示了未来的发展趋势。

其中，《创新绿色金融，贡献碳中和：企业机遇与挑战（2020—2021）》以绿色金融为切入点，深入调研"碳中和"的金融作用以及其中蕴含的企业机遇。我国提出力争在 2030 年之前实现碳达峰，到 2060 年之前实现碳中和。"30·60 目标"体现了我国坚持低碳和可持续发展的决心，展现大国担当。

《中国企业社会责任缺失警示报告（2020）》展现 2020 年我国企业在不同行业、不同领域，以及在新冠疫情环境下的社会责任表现。2021 年调查者共搜集了个体性事件 473 件，集体性事件 118 件，其中金融业违法违规情况泛滥，占企业社会责任缺失事件（CSIR 事件）总数的 39%。虽然各行业都存在较为完善的规章制度，但由于在实际执行层面的不足，合规管理问题发生频率最高，占 CSIR 事件总数的 30%。

关于《中国乡村教育观察报告（2020—2021）》，2021 年乡村振兴全面发起，乡村教育的振兴也成为关键。南方周末报社深入吉林、云南、贵州等十余个省市，在数百所乡村中小学开展问卷调查，对乡村中小学校长、老师、在校学生等群体进行线上或线下访谈。调研结果表明，目前乡村教育师资方面存在一定困境，社会资源对乡村教育个体的再分配不均；载体方面，互联网加持下的信息化教学为乡村教育振兴提供了更多可能。

关于《医药企业公众健康责任观察报告（2020—2021）》，2020 年医药企业社会责任调研根据 7 个维度 63 个指标，对 210 家营业收入 10 亿元以上的中国医药制造上市公司进行评价，分析其履行公众健康责任的现状及问题。调研发现，药械的质量与安全关系到患者的生命安全，虽然 98% 以上的医药企业均建立了质量管理体系和相关制度，但仍有 36 家企业产品存在质量问题；而开展药物警戒管理和不良反应监测的企业占 41.0%，建立药械召回制度及应急预案的企业也仅占 25.7%，公众健康责任亟待加强。药械的特殊性决定了医药企业并不单纯是一个经济组织，而是负有社会责任、应始终把公众健康作为最重要的价值取向的组织。此外，年会还发布了《互联网企业履责观察报告（2020—2021）》《CDP 2020 年中国上市企业报告》等报告。

从企业社会责任的发展趋势看，进入新发展阶段后，宏观层面将引导企业社会责任与"十四五"规划、"2035 年远景目标"紧密结合起来，实现资本兼顾社会绩效与财务绩效双重目标。具体来说，绿色发展、乡村振兴和乡村教育、公共健康等主题仍将是未来几年企业社会责任的主要体现，"绿色发展"会成为重中之重。

此届责任年会以"绿色发展"为年度主题，主办方南方周末报社为贯彻节能减排理念，将购买碳配额抵消活动所产生的碳排放，提倡绿色出行，致力打造"零碳会议"。其中，每一位参会观众在出行过程中产生的碳排放，也将由主办方收集数据并购买碳配额进行抵消。

4.2 中化国际：人命大于天的安全生产责任

本案例主要围绕企业社会责任中的风险展开，对学习如何减少企业负面信息、提供企业的经济利益、满足监管信息披露的要求等方面具有重要的意义。

4.2.1 案例导读

中化国际（控股）股份有限公司（以下简称"中化国际"）是世界 500 强公司中国中化集团化工板块的旗舰企业，也是在中间体及新材料、聚合物添加剂、天然橡胶等领域具有核心竞争力的国际化经营大型国有控股上市公司。其客户遍及全球 100 多个国家和地区，连续多年被《财富》杂志评为中国上市公司 100 强，曾荣获"中国上市公司治理百强"榜首、"中国最佳董事会"和"中国最受尊敬的上市公司"等诸多荣誉。

中化国际结合行业属性和自身优势，重视安全生产，强化应急预演，认真履行企业社会责任。中化国际将可持续发展体系建设上升到企业战略高度，在可持续发展委员会下设 HSE（Health Safety and Environment Management System，健康、安全与环境管理体系）专项组和绿色生产专项组，其主要负责督促落实公司各项 HSE 管理制度，并结合实际制定的 HSE 管理制度，定期在部门和子公司中开展日常 HSE 监督、检查工作。

中化国际自 2005 年以来连续发布可持续发展报告，《2019 年度可持续发展报告》成为披露供应商履责信息的优秀报告。同时，中化国际 2020 年获得中国石化行业"企业公民楷模·最具社会责任企业"奖、"2020 年金蜜蜂企业"等多项荣誉。其下属企业 Elix Polymers 与合盛集团获得 EcoVadis 金牌认证，圣奥化学发布的《2019 可持续发展报告》在"金蜜蜂 2020 优秀社会责任报告榜"中荣获"成长型企业"奖等。

4.2.2 问题聚焦

1. **安全生产的重要性。** 安全生产是人命关天的大事，国家历来高度重视安全生产工作，先后制定了《中华人民共和国安全生产法》等近 30 部关于安全生产的专门法律和行政法规。安全生产是企业承担社会责任的核心部分，是一项长期、艰巨而复杂的任务。企业特别是特殊行业的企业必须从发展战略的高度对安全生产予以重视。实践证明，企业履行安全生产不是负担，是强化发展质量，树立品牌形象，增强企业凝聚力和战斗力的重要方式。

从案例中看，中化国际是否从战略高度对待安全生产责任？

2. **安全生产制度。** 企业实现安全生产，首先需要建章立制，建立健全安全生产管理机构。企业应当依据国家有关安全生产方面的法律法规规定，结合本企业生产经营的特点，建立健全安全生产方面的规章制度、操作规范和应急预案；同时，要将制定的规章制定落到实处。

从案例中看，中化国际在履行安全生产责任时，是如何从制度上进行建设的，制度建设是否发挥了应有的作用？

3. 安全生产的投入和维护。企业，特别是高危行业的企业，应当将安全生产投入列为首位，不可急于求成、急功近利。内部控制相关规定要求，企业一定要重视安全生产投入，将员工的生命安全视为头等大事，完善安全生产的技术更新，保证投入安全生产所需的资金、人力、物力及时和足额到位。同时，企业还应组织开展生产设备的经常性维护管理，及时排除安全隐患，切实做到安全生产。

从案例中看，中化国际是否重视安全生产投入和经常性维护管理？

4. 安全生产的教育培训。内部控制相关规定要求，企业应当加强对员工的安全生产培训教育，通过培训教育，让员工牢固树立"安全第一、预防为主"的思想，提高他们防范灾害的技能和水平。培训教育应当经常化、制度化，做到警钟长鸣，不能有丝毫放松和懈怠。特殊作业人员和特殊资质要求的生产岗位，因工作接触的不安全因素较多，危险性较大，容易发生事故，必须依法实行资格认证制度，持证上岗。

从案例中看，中化国际是如何开展安全生产教育培训的？

5. 应急预演。国家不断推动企业端强化落实重大危险源安全管理责任，与政府端预警系统和联合检查机制形成合力，加快构建重大危险源常态化隐患排查和安全风险防控制度体系，有效防控危险化学品重大安全风险，遏制重特大事故。内部控制相关规定要求，企业必须要建立事故应急处理预案，建立专门的应急指挥部门，配备专业队伍和必要的专业器材等，在发生安全生产事故时做到临危不乱，按照预定程序有条不紊地处理好发生的安全生产事故，尽快消除事故产生的影响，同时按照国家有关规定及时报告，不得迟报、谎报和瞒报。安全生产必须实行严格的责任追究制度。

从案例中看，中化国际安全生产事故应急预警和报告机制是如何运转的？

4.2.3 问题应对思路与问题解决

1. **安全生产的重要性**。从案例中看，中化国际是否从战略高度对待安全生产责任？

从解决思路上看，要明确安全生产责任的重要性，同时结合中化国际的企业特点进行判断。

从解决措施上看，重大危险源能量集中，一旦发生事故，破坏力强，易造成重大人员伤亡和财产损失，社会影响大。中化国际是一家致力于生产农用化学品、中间体及新材料、聚合物添加剂等产品的大型企业，由于业务特殊，与安全生产关系紧密。企业要管理的品种包括爆炸品、压缩气体和液化气体、易燃液体、易燃固体、自燃物品和遇湿易燃物品、氧化剂和有机过氧化物、毒害品和腐蚀品以及其他对人体和环境具有危害的化学品。

这要求中化国际将可持续发展体系建设上升到企业战略高度，将商业实践与社会价值共融，重新思考商业模式和产品设计，推动经济、社会和环境的平衡发展。因此，在化学品管理方面，中化国际要求下属公司定期对危化品供应商开展风险评估。评估内容包括企业领导风险管理承诺、员工职业安全健康和劳动防护管理、企业对员工能力和安全意识的培训、危化品运输商资质审核、危化品运输商评估、危化品运输合规性、危化品运输商管理等要素。

2. **安全生产制度**。从案例中看，中化国际在履行安全生产责任时，是如何从制度上进行建设的？制度建设是否发挥了应有的作用？

从解决思路上看，可以查阅中化国际的社会责任年报等相关信息了解其制度建设的相关情况。对于上市公司，年报是法定的信息披露要求。同时，在信息化时代，信息传播迅速，一旦发生事故，就会出现相关报道。因此，可以通过案例结合相关的媒体新闻报道来进行判断。

从解决对策上看，中化国际在可持续发展委员会下设 HSE 专项组和绿色生产专项组，主要负责督促落实公司各项 HSE 管理制度，并结合实际制定的 HSE 管理制度，定期在部门和子公司中开展日常 HSE 监督、检查工作。中化国际根据安全生产标准化、ISO 45001、ISO 14001 体系要求，制定了《健康安全环保体系建设与文件控制管理办法》《健康安全环保事故应急预案》等管理制度，持续完善 HSE 管理体系。同时，中化国际总部及下属子公司层层签订 HSE 责任书，落实安全生产责任制，全面梳理、优化 HSE 制度标准，强化执行力，建立责任考核机制，有效控制 HSE 风险。

从结果上看，2019 年中化国际未发生一起伤亡事故，因工死亡 0 人，未发生一起环境污染事故，未发生一起职业病案例。由此来看，中化国际涉及安全生产的规章制度落实到位，杜绝了安全事故的发生。

3. 安全生产的投入和维护。从案例中看，中化国际是否重视安全生产投入和经常性维护管理？

从解决思路上看，可以查阅中化国际的社会责任年报等相关信息了解其安全生产投入和维护的相关情况。

从解决对策上看，通过企业年报可知，中化国际重视安全生产投入，将员工的生命安全视为头等大事，完善安全生产的技术更新，保证投入安全生产所需的资金、人力、物力及时和足额到位。中化国际组织开展隐患排查与整治工作，对工艺技术、设备设施、合规性、文件制度、日常行为、操作与检维修、承包商管理，以及其他类别的隐患进行分析。

在化学品管理方面，中化国际要求下属公司定期对危化品供应商开展风险评估，及时排除安全隐患，切实做到安全生产。2019 年，环保总投入 55 649 万元，全年未发生一起环境污染事故，氮氧化物排放量同比下降 21%；二氧化硫排放量同比下降 28%。全年发现的安全隐患整改率达到 100%，有效控制了工艺安全风险。

4. 安全生产的教育培训。从案例中看，中化国际是如何开展安全生产教育培训的？

从解决思路上看，可以查阅中化国际的社会责任年报等相关信息了解其安全生产教育培训的相关情况。

从解决措施上看，"五星工厂"创建模式是中化国际推行杜邦安全管理模式多年的经验总结，实现了 HSE 管理体系与"有感领导、直线责任、属地管理、全员参与"十六字方针的有效融合，带动员工发自内心地投入，真正做到全员参与，是提升本质安全的最佳探索实践。2019 年，中化国际全面落实 HSE 积分管理制，通过开设 HSE 培训课程、强化 HSE 人员履职考核、培养杜邦安全管理师等方式，进一步提升公司 HSE 管理队伍的专业能力，确保与一线生产作业紧密融合。截至 2019 年底，中化国际下属工厂中共有 10 家工厂获得"五星工厂"称号。员工职业健康体检率达 100%，职业健康管理档案建档率为 100%，劳动防护用品配备配齐率和正确使用率达 100%，全年无疑似职业病和职业病发生。

5. 应急预演。从案例中看，中化国际安全生产事故应急预警和报告机制是如何运转的？

从解决思路上看，近年来国家不断加强重大危险源安全管理，重点关注重大危险源企业，实施严格的治理整顿。中化国际针对重大危险源建设了风险监测预警系统，通过采集的企业重大危险源监测监控数据，加强信息化管控等。可以查阅中化国际的年报了解应急预警等相关情况进行判断。

从解决措施上看，中化国际每年开展安全生产职业技能竞赛、各类应急演练活动，检验应急响应程序和应急队伍，2020 年参与安全培训并修满 10 学分以上者 622 人，开展生产突发事故应急演练 283 次，参与演练 20 942 人次，有效提升公司应急响应能力和一线员工的应急处置水平。

4.2.4 知识延伸

1. 危险化学品生产安全事故的提醒。

我国安全生产进入了一个瓶颈期、平台期，存在两方面问题：一方面安全生产的基础仍然非常薄弱，一些源头性、本质性问题还没有解决；另一方面，存量风险和增量风险交织叠加，各类不稳定、不确定因素明显增多，事故容易出现波动反弹。所以企业应重视防控重大安全风险。

安全事故主要分布在交通运输、煤矿、建筑施工、危险化学品等行业领域。其中，危险化学品安全生产一直是整个安全生产工作的重中之重。危险化学品领域从 2015 年至 2020 年一共发生了 10 起特大事故，特别是 2017 年到 2019 年发生了 7 起重特大事故，每年都有两三起。危险化学品领域安全生产全链条中的运输、储存、废弃处置是薄弱环节。

对此，国家提出人民至上、生命至上，统筹发展和安全，围绕"从根本上消除事故隐患""从根本上解决问题"的目标，着力强化安全发展理念，着力推动安全责任落实，着力推进安全生产专项整治三年行动集中攻坚，着力防控重点行业领域安全风险以及着力提升本质安全水平，将企业监控视频、用电数据等接入监管平台，强化安全生产各项责任措施的落实，把确保人民生命安全放在第一位落到实处。

　　整改取得了一些阶段性的成效。2020年全国化工事故同比减少了26起、死亡98人，分别下降了15.3%和35%，没有发生重特大事故，扭转了2017年以来连续三年每年都在2起以上重特大事故的被动局面。我国是一个化工大国，产值占全球的40%，同时我国中小企业的数量特别多，占整个企业量的80%。十多年的高速增长带来的风险、隐患叠加在一起，风险隐患集中暴露显现，容易形成系统性风险。目前危险化学品特别是化工领域风险和隐患依然存在，这对企业的社会责任而言同样任重道远。

　　2.《危险化学品企业重大危险源安全包保责任制办法》。

　　2021年，应急管理部制定印发了《危险化学品企业重大危险源安全包保责任制办法（试行）》（以下简称《办法》）。《办法》主要包括制定出台的背景、主要内容、如何推动落实、企业落实《办法》需要注意的问题等方面。

　　制定出台的背景是国家高度重视防范化解重大风险工作，特别是防控危险化学品重大安全风险。从事故情况看，2011年至2019年全国化工企业共发生12起重特大事故，全部发生在重大危险源企业；从体量分布看，全国危险化学品重大危险源点多面广，32个省级行政单位区域均有分布。但相关部门在检查过程中发现，有些企业仍存在突出问题。

　　《办法》的制度设计是，对于取得应急管理部门安全许可的危险化学品企业的每一处重大危险源，企业都要明确重大危险源的主要负责人、技术负责人、操作负责人，从总体管理、技术管理、操作管理三个层面实行安全包保，保障重大危险源安全平稳运行。

　　对企业来说，落实《办法》需要注意以下三个问题，一是准确界定包保责任人。包保责任人应当是由企业专门为重大危险源安全管理而指定的责任人。其中，重大危险源的主要负责人，应当由企业的主要负责人担任；重大危险源的技术负责人，应当由企业层面技术、生产、设备等分管负责人或者二级单位（分厂）层面有关负责人担任；重大危险源的操作负责人，应当由重大危险源生产单元、储存单元所在车间、单位的现场直接管理人员担任，例如车间主任。**二是做好包保责任制与原有制度的有机结合。**《办法》在原有要求基础上，将重大危险源突显出来，抓关键少数责任人并提出更为明确的要求，解决对重大危险源"都抓都不抓""都管都不管"的问题。有关企业要按照《办法》要求，认真修订完善相关责任制度，做好衔接。**三是及时做好包保责任制落实的保障工作。**《办法》印发后，有三个月的过渡期，一要完成线上线下公示，在危险化学品登记信息管理系统增加的栏目中，准确录入安全包保责任人有关信息，这些信息将同步在安全风险监测预警系统中向监管部门公示；同时要按照《办法》附件中提供的模板，制作公示牌，完成现场公示。二要健全配套制度，完善安全风险承诺公告内容，健全风险预警信息处置反馈机制。要特别提醒有关企业，2021 年 3 月 1 日起施行的《中华人民共和国刑法修正案（十一）》（以下简称《刑法修正案（十一）》）规定：关闭、破坏直接关系生产安全的监控、报警，或者篡改、隐瞒、销毁其相关数据、信息的，将纳入追究刑事责任的情形。因此企业要保证重大危险源在线监测监控数据的稳定性、真实性、有效性，为精准防控风险提供保障。

3. 绿色化学的社会责任。

资源与环境是人类生存和发展的基础，目前资源短缺和环境问题日趋严重。在化学工业创造物质财富的同时，不破坏人类赖以生存的环境，并充分节省资源和能源，实现可持续发展，是人类面临的重大挑战。如何破解资源（能源）短缺、环境恶化、极端气候挑战人类生存与发展的问题，实现人类可持续发展，也是 21 世纪科学技术最为关注、最重要的领域与热点。

作为前沿交叉学科，绿色化学不仅传承化学的理论与方法，而且在观念上创新发展，要求利用化学原理从源头上消除污染，合理使用资源，开发环境友好的技术与清洁工艺，设计安全、可生物降解的产品，贡献于可持续发展。绿色化学是未来最重要的领域之一，是化学工业可持续发展的科学和技术基础，是提高效益、节约资源和能源、保护环境的有效途径。绿色化学的发展将带来化学及相关学科的发展和生产方式的变革。在解决经济、资源、环境三者矛盾的过程中，绿色化学具有重要的地位和作用。

中化国际坚持走创新驱动和绿色发展道路，通过不断开发和改进产品绿色工艺，创建绿色工厂，实现生产过程清洁化，助力循环经济发展。2019 年 12 月 31 日，由中国石油和化学工业联合会编制的《石化绿色工艺名录（2019 年版）》发布，中化国际旗下扬农集团、圣奥化学有多项绿色工艺技术入选，标志着该批工艺在绿色环保、资源效率利用等方面受到行业权威认可。

4.3 复盘与思考

本章主题是企业的社会责任。提到社会责任，一般人会想到企业应该承担的义务责任等。企业越大，责任也越大。所以选择的两个案例一个是 CAO，另一个是中化国际，两者都是大型的跨国企业。不同的是，社会责任对于 CAO，首先是一个正常运转的企业为社会提供基本合格的产品和服务，这也是所有企业，不管是国有企业还是民营企业应当尽的本分。在此基础上，才能谈对环境和社会的责任。

生命大于天。不管怎样，做好安全生产是企业的重要社会责任。在某种程度上，中化国际的社会责任和我们每一个人息息相关。中化国际在实现企业经营发展目标过程中，致力推动经济、社会和环境的可持续发展，增进人们生活福祉。可以说，中化国际社会责任履行得越好，对社会的安全贡献就越大。

第 5 章 | 企业文化

本章的主题是理解企业内部控制中的企业文化，了解并关注企业文化建设与评估中的风险问题。企业文化是指企业在生产经营实践中逐步形成的、为整体团队所认同并遵守的价值观、经营理念和企业精神，以及在此基础上形成的行为规范的总称。在市场经济竞争条件下，企业要实现发展战略，做大做强，就应当重视和加强企业文化建设。

通过阅读本章内容，读者将对企业文化的建设、评估有一个整体认识，初步了解应对企业文化风险的相关方法，学习如何加强企业文化方面的风险管理，真正强化企业管理、提升企业经营管理效率和效果，促进企业实现跨越式发展。

5.1 中航油（新加坡）公司：不断谨慎的企业文化

本案例主要围绕企业文化中的风险展开，对培育社会责任感、树立现代管理理念、强化风险意识、顺利实现企业发展目标和战略规划具有重要的意义。

5.1.1 案例导读

2006 年 CAO 因期权交易发生巨亏后，CNAF 和国资委没有追究陈久霖的责任，但新加坡法院却以涉嫌欺诈、财报造假、信息披露不及时等 15 项犯罪指控陈久霖。当时包括中国政法大学终身教授江平在内的中国法学界人士认为这是公司经营中的亏损，不是犯罪。

一个企业的文化某种程度上是企业家或管理者风格的再现，是在长期企业管理实践中逐渐形成的。陈久霖毕业于北京大学越南语系，兼修英语，其后在中国政法大学国际法专业获得硕士学位，并在新加坡国立大学获 MBA 硕士学位，即使在主持 CAO 工作期间还攻读了清华大学的法学博士学位。在中航油事件前，陈久霖的管理风格被视为大胆创新、敢于冒险、注重积累，这是一种类似标准意义的正面企业文化，而这种企业文化也带领 CAO 实现跨越式发展，不断从胜利走向胜利。

中航油事件在某种程度上中断了 CAO 的企业文化，特别是深受陈久霖管理风格影响的那部分企业文化。在新的发展战略的指引下，CAO 强化董事会职权、弱化管理层权力，特别是强化风险管理意识。2006 年，在完成重组后，CAO 启用与母公司 CNAF 相同的新标识，这标志着公司开始了新的征程，公司文化，特别是风险管理文化也重新开始塑造。

目前，CAO 秉承公平、诚信、创新和透明的企业核心价值观，增强员工参与度、发展全球化的人才队伍；同时，始终坚持时刻保持谨慎和实施完善的防范措施。中航油事件后，CAO 意识到要在危急时刻确保关键业务继续运营，将负面影响降到最低。此外，公司也需保持一定的风险应对水平以保持业务的日常运作。鉴于公司在面对重大危机时的潜在战略、运营、财务和声誉方面的影响，CAO 每年都会为安排一次业务持续性计划（Business Continuity Planning，BCP）和信息系统灾难恢复计划（Disaster Recovery Planning，DRP）演习，借此提升公司员工应对紧急事件的能力。

2020 年，受新冠疫情影响，CAO 将以往实地演习改成虚拟业务持续性计划模拟演习。除了 CAO 前台至后台和支持部门的关键人员参与此模拟危机演习之外，CAO 分布在全球各地的子公司员工也同时参与了演习。这项演习旨在加强公司全球员工的应急意识和协调度，并在业务几乎不受到干扰的情况下成功完成应急预案。即使在业务大受影响期间，CAO 也坚持在合法合规的前提下开展业务，并更新了公司的举报政策。举报者可通过专有的方式举报违法违规事项，无须担心遭到报复、被解雇或受到歧视。举报内容由审计委员会所指定的人员进行监督处理。

5.1.2 问题聚焦

1. **企业文化与发展战略的关系**。企业文化不仅关系当前，也关系长远的战略。两者的关系类似人的精神与行为。精神决定行为，而行为反过来又会影响精神。也就是说，企业文化决定发展战略，发展战略反过来影响企业文化。一般来说，优秀的企业文化是企业经营战略制定的重要条件。企业文化包罗万象，但核心是价值观。在企业成员共同价值观基础上形成的企业发展战略，可以形成强大的凝聚力和竞争力。若发展战略难以执行或执行不好，则导致企业文化成为摆设，徒具形式。

从案例中看，企业文化与 CAO 发展战略的关系如何？

2. 企业文化的整体风险。企业在加强文化建设中，一般主要面临缺乏积极向上、开拓创新、团队协作和风险意识的企业文化，缺乏诚实守信的经营理念，以及忽视文化差异等风险。而忽视文化差异和价值观冲突，可能导致跨国经营或并购重组失败。

从案例中看，CAO 在中航油事件前的企业文化风险主要是什么？

3. 企业文化的建设。内部控制相关要求规定，企业应当根据发展战略和实际情况，总结优良传统，确定文化建设的目标和内容，采取切实有效的措施，积极引导和规范员工行为，将企业文化建设融入生产经营全过程，切实做到文化建设与发展战略的有机结合。

案例中 CAO 是如何进行企业文化建设的？

4. 高管在企业文化建设中的作用。在企业文化建设中，董事、监事、经理和其他高级管理人员是关键，应当发挥领导团队在企业文化建设中的主导和垂范作用，带动整个团队，共同营造良好的企业文化环境。

从案例中看，CAO 的高管在企业文化建设中的表现如何？

5. 企业文化的评估。在企业文化建设过程中，企业应当建立评估制度，明确评估的内容、程序和方法，特别是重点关注董事、监事、经理和其他高级管理人员在企业文化建设中的责任履行情况、全体员工对企业核心价值观的认同感等。针对评估过程中发现的问题，企业应研究影响企业文化建设的不利因素，分析深层次的原因，及时采取措施加以改进。

从案例中看，CAO 的企业文化如何评估，如何针对其中问题进行分析并加以整改？

5.1.3 问题应对思路与问题解决

1. **企业文化与发展战略的关系**。从案例中看，企业文化与 CAO 发展战略的关系如何？

从解决思路上看，要明确企业文化的概念，结合 CAO 案例，切实体会企业文化对发展战略的支撑作用。

从解决对策上看，企业文化对于企业发展壮大有关键作用。企业文化是指企业在生产经营实践中逐步形成的、为团队整体所认同并遵守的价值观、经营理念和企业精神，以及在此基础上形成的行为规范的总称。其中价值观回应的是"企业应该怎样做"的问题，是全体员工共同遵守的价值标准和基本信念。经营理念回应的是"企业遵循何种法则"的问题，是指导经营管理活动的总体原则。企业精神回应的则是"企业应具有怎样的内心态度和行为风格"的问题，这是企业上下行为规范的直观反映。从这个意义上讲，为了真正发挥内部控制在强化企业管理、提升企业经营管理效率和效果、促进实现发展战略中的重要作用，企业应当重视和加强企业文化建设，致力打造优秀的企业文化。

对 CAO 来说，前期企业文化主要受带领者管理风格的影响，后期新的管理团队则针对前期问题，特别强调风险管理，对企业文化进行不断完善。因此，企业把不断培训和提升风险管理团队的整体素质和能力，以及提升公司全员风险意识作为工作重点。即使在新冠疫情期间，企业仍坚持合法全规开展业务，以持续强化良好的企业风险文化。CAO 持续举办有针对性的内部培训课程，并且进行定期的测验，认真评估各部门关键岗位人员对公司风险管理政策和流程的理解程度，依据测验评估结果有针对性地开展培训工作，引导全体员工牢固树立从日常工作流程的守规和对风险点的密切监控，到对未来的风险预警全过程的风险控制概念，从而贯彻公司重视风险管理的主张。

2. 企业文化的整体风险。从案例中看，CAO 在中航油事件前的企业文化风险主要是什么？

从解决思路上看，首先要弄清风险是什么，再结合中航油事件前 CAO 的发展情况，特别是注意到企业文化的优缺点。有些企业看不清楚自身的盲点，这也是风险。

从解决对策上看，在中航油事件前，CAO 在带领者的影响下，拥有积极向上的企业文化，员工对企业发展的信心和认同感较强，企业凝聚力和竞争力也较强。相较而言，尽管 CAO 重视国际化发展战略，但不同企业之间，特别是中新文化差异和价值观冲突导致的风险客观存在，在某种程度上放大了中航油事件的后果和影响。

3. 企业文化的建设。案例中 CAO 是如何进行企业文化建设的？

从解决思路上看，要依据企业内部控制的相关要求规定，并结合案例，查阅年报相关信息。

从解决措施上看，《企业内部控制基本规范》明确指出："企业应当加强文化建设，培育积极向上的价值观和社会责任感，倡导诚实守信、爱岗敬业、开拓创新和团队协作精神，树立现代管理理念，强化风险意识。"企业文化是企业建立和完善内部控制的重要基础。内部控制作为企业管理的重要抓手，表现形式往往是系列规章制度及其落实，而要真正落实靠的是优秀的企业文化。

中航油事件后，新管理层在企业文化建设上，采取引导员工参与公司管理、团队建设、文体活动等丰富多彩的方式，推动在多元文化背景下逐步形成并得到全体员工普遍认同的企业文化，特别是风险意识文化。2009 年，全员参与制定了公司 2010—2014 年的发展规划，形成共同的战略目标；"公平、诚信、创新、透明"这一新的企业核心价值观得到了普遍认同。企业文化建设使员工个人的职业发展与公司的前途紧密联系起来，大大增加了凝聚力、忠诚度和主动性，成为有效实施公司发展战略的重要保障。

4. **高管在企业文化建设中的作用**。从案例中看，CAO 的高管在企业文化建设中的表现如何？

从解决思路上看，决策层和执行层的高管团队是企业文化建设中的关键人员。高管自身的精神面貌对企业文化的形成具有垂范作用。如果高管精明强干，并具备顽强拼搏、不懈奋斗的精神，那么会深刻影响企业文化风格的形成。同样，如果管理团队充满生机和活力，也会为企业长远战略和价值提升增添企业文化动力。

从解决对策上看，CAO 在陈久霖领导下，企业文化是大胆创新、敢于冒险、注重积累，这种企业文化也帮助 CAO 实现跨越式发展，不断发展壮大。中航油事件后，CAO 启用与母公司 CNAF 相同的新标识，这意味着企业文化将重新开始塑造。

在新发展战略的指引下，CAO 强化董事会、弱化管理层，甚至在重组过程中，用空缺总裁的方式淡化前期管理者个人的影响，转而注重整个决策团队和管理团队的作用。2010 年，CNAF 派出中方董事长，标志着 CAO 过渡时期文化的结束，和一个新企业文化建设时期的开始。

5. **企业文化的评估**。从案例中看，CAO 的企业文化如何评估？如何针对其中问题进行分析并加以整改？

从解决思路上看，任何一个企业都有文化，或明确或潜藏，有时企业文化的优势也可能是其劣势，影响着一个企业的生存发展。因此，要了解 CAO 企业文化是什么，就要了解高管在其中的履职情况和普通员工的尽责情况，找到其中的优势和不足；同时，结合案例，针对其中的问题进行回应。

从解决措施上看，CAO 前后发展阶段不同。前期在陈久霖的带领下开拓进取，在壮大企业实现国有资产大大增值的同时，也埋藏着危机。后期 CAO 加强集体领导，淡化带领人的个人影响力，将企业带入稳健发展的轨道。

因此，评估 CAO 企业文化建设中存在的问题，要分析背后的原因，不断改进和完善企业文化建设。企业要加强内部对企业文化的理解，检查企业经营管理行为是否与企业文化表现一致，特别是董、监、高对企业文化的理解，以及在其中的履职情况。同时，企业也要针对不同文化差异形成的问题，加强企业文化创新，适应内外部环境的变化，不断巩固和放大企业已有的文化优势。

5.1.4 知识延伸

1. 文化是什么？

从源头上说，在我国，"文化"两字最早出现在《易经》，其曰：观乎人文，以化成天下。其中的文，即人文风俗、人文礼仪等；化，则是教化、感化、度化等。文化，组合起来就是以人文礼仪教化人民，使民风淳朴，社会协调，平安富庶。文化的英文为 culture，来源于拉丁语，原意是"耕耘""耕作"，其最初的含义与农业文明有直接的联系。在广泛的意义上说，文化是与自然现象不同的人类社会活动的全部成果，包括人类所造的一切物质的与非物质的产品。

按照文化人类学的研究，关于文化的定义有 200 种之多，但每一种文化都有自己的核心价值观念，不同的价值观是文化差异的重要体现。文化价值观是指社会成员共同持有的关于是非、善恶、好坏、自我与他人利益关系的观念和倾向。

从管理学的角度看，管理主要依赖于两个基本的要素，权力和文化。权力作为一种支配资源的力量，依靠的是一种硬性的制度约束。文化是一种一般性的规范指导能力，往往是一种理念，一种思维方式，包括在此指导下的行为习惯，对企业员工素质的培养和良好的职业道德的形成具有潜移默化的作用。文化的约束是一种发自内心的认同。只有将风险管理依托于一种文化，特别是与价值观相连，才能将约束变为自觉。

2. 企业文化值多少钱?

企业文化源于 corporate cultue，其中的 "corporate" 有 "团体的" "法人的" "共同的" 等含义，所以，企业文化又称公司文化、组织文化和管理文化。20 世纪 80 年代，企业文化在西方管理学界被普遍使用。企业文化是整个文化系统的一种分支文化，是用文化学的理论与方法研究经济和文化融合的现象。

关于企业文化的定义也有不同说法。我国普遍认为企业文化是一种在从事经济活动的组织之中形成的组织文化，是指企业在生产经营实践中逐步形成的、为整体团队所认同并遵守的价值观、经营理念和企业精神，以及在此基础上形成的行为规范的总称。

其中，价值观是企业文化的核心，阿里巴巴等企业将其等同于企业文化。企业价值观决定和影响着企业存在的意义和目的，是企业全体员工共同信奉和始终坚守的价值标准和基本信念。经营理念是指导企业经营管理活动的总体原则，直接决定企业的经营行为。企业精神则是企业在生产经营实践活动中形成的一种无形的力量，是企业内心态度和行为风格的体现，这未必来自由企业制定的规章制度，更多是由一定权力和威信的人引导，企业自发形成的习惯。

由于文化关乎人的内心世界，企业文化则是一个企业核心理念，虽然看不见、摸不着，但却是一种经历长期积淀后实实在在的存在。企业文化不能由管控产生，也不可能由契约合同明确规定，却在无形中制约和影响着企业的高管和普通员工。如果一个企业的企业文化被员工认为无效，从本能上抵制，那这个企业就是没有内核的躯壳，不具备可持续发展的能力。这时，企业文化一文不值甚至还有负面作用。但如果一个企业文化能成为企业全体成员共同的价值标准，那企业就是价值观的居所，那么，企业文化就能在整个企业中居于核心的地位，成为无价之宝，将企业发展战略的作用发挥到极致。同样的战略，不同企业去做，效果是完全不同的，根源就在于企业文化的作用不同。

3. 中小企业为什么需要企业文化?

一个企业不管大小，只要企业存在，就会有企业文化。但是对中小企业特别是处于创业阶段的企业而言，生存是第一位，提高主要的业务能力、盈利能力是重点。企业文化相对被弱化，或者说企业文化的建设相对简单，一般靠创始人的个人魅力自然推进，或者说创始人的学识、人生阅历和管理风格某种程度上就体现为企业文化。

中小企业的现状使得中小企业的企业文化建设一般不太可能高标准、严要求，那么创始人的作用就显得尤为重要。创始人作为企业的精神领袖，其内心态度和行为风格会在很大程度上影响企业员工。创始人的精神风貌是难以复制和模仿的。如果创始人能将自身长期实践形成的经营哲学、价值观念和行为规范传达给员工，以身作则，身体力行，带头做好工作，并在经营管理实践中注重听取员工的意见和建议，使企业生存发展的方向目标成为信念扎根于员工的内心，那么这个过程中自然而然产生的无形影响，就会成为企业的核心理念。而这正是企业文化中最重要的精神支柱和精神动力。

5.2 德胜洋楼：简单做人，认真做事的企业文化

本案例主要围绕企业文化中的风险展开，对提供企业精神支持、提升企业核心竞争力、提高内部控制有效性、顺利实现企业发展战略具有重要的意义。

5.2.1 案例导读

德胜（苏州）洋楼有限公司（以下简称"德胜公司"）成立于1997年，是美国联邦德胜公司（Federal Tecsun, Inc.）在中国苏州工业园区设立的全资子公司。2003年，德胜公司被认定为高新技术企业。德胜公司从事美制现代木结构住宅及公用建筑的研究、开发设计及建造施工，同时兼做教育、公益慈善等事业。德胜公司不扩张、不做大、不上市，而是做强、做精、做好自己。这种"知足""知止""止于至善"的公司，开启了中国特色管理的先河。日本管理大师河田信认为泰罗制、丰田汽车和德胜公司的企业管理模式分别体现了美国、日本和中国各自的文化属性。

德胜公司有严格的管理制度，但全员落实靠的是文化。文化在于人的心灵，德胜公司企业文化的柔和与制度化管理完美结合，深入公司员工的内心。"诚实、勤劳、有爱心、不走捷径"的价值观，不但是德胜公司的企业精神，也是所有员工的信仰。2019年元旦，德胜公司公布第1号嘉奖令，对员工徐强军先生进行了表彰和奖励。原因是他主动要求将公司多给自己计算的79小时的加班报酬退回公司。这一诚实守信的行为被广大员工称作"知足的快乐，美丽的灵魂"。

德胜公司的企业文化建设，与被人称为传奇总裁的聂圣哲有关。聂圣哲先生1965年生于安徽省休宁县，1981年考入四川大学化学系，1985年毕业考取南京大学硕士研究生并放弃攻读硕士学位，先后在安徽大学及中国科学技术大学任教，后赴美攻读博士，但未获得博士学位，1997年回国创业。目前聂圣哲先生兼任长江平民教育基金会主席，中国陶行知研究会副会长，同济大学、四川大学苏州研究院、哈尔滨工程大学等校兼职教授、博导。某种程度上，德胜公司就是聂圣哲的试验田，他自称对经商不感兴趣，却创立了企业。从德胜公司的企业文化看，聂圣哲最初的想法可能的确不完全是做一家企业，而是关注企业背后的教育，将农民工转化为现代意义上的产业化工人等。

2020 年 11 月，德胜公司被中国企业文化建设峰会组委会评为 2020 年度企业文化建设示范单位，总裁聂圣哲则被评选为 2020 年度企业文化建设功勋人物。

5.2.2 问题聚焦

1. **企业文化建设可以为企业提供精神支柱**。企业和人一样，如果想活得精彩有价值，就该有点精神。这种精神可以将上至高管下至普通员工的心连在一起，不管内外部环境如何变化，压力和挑战如何巨大，都不会影响企业创造最大价值。因为企业精神本身要回答的就是"企业应具有怎样的内心态度和行为风格"的问题，企业精神一旦形成，就会成为企业的强大战斗力。这种现代企业精神是企业文化的重要组成部分。从这个意义上讲，建设企业文化可以为企业提供精神支柱。

从案例中看，德胜公司是否具备这种现代企业精神？

2. **企业文化建设可以提升企业的核心竞争力**。企业核心竞争力，即其他企业不能轻易模仿的独特优势因素，对企业生存发展具有长远和决定性的影响。通常认为，拥有核心竞争力的企业具有以下特征：具有良好市场前景的关键技术、真实稳健的财务状况、内外一致的企业形象、真实诚信的服务态度、团结协作的团队精神、以客户为中心的经营理念、公平公正善待员工、鼓励员工开拓创新的激励机制等。而所有这些特征，几乎都与企业文化有关。从这个角度看，企业应当重视和加强企业文化建设，不断提升核心竞争力。

从案例中看，德胜公司是否具备这种核心竞争力？

3. **企业文化建设可以为内部控制有效性提供有力保证**。企业文化是企业建立和完善内部控制的重要基础。内部控制作为企业管理的重要抓手，表现形式往往是系列规章制度及其落实。这些规章制度连同其他管理规范，甚至包括企业的发展目标和战略规划，要想真正落实到位，必须致力于建设优秀的企业文化。从这个意义上讲，为了真正发挥内部控制在强化企业管理、提升企业经营管理效率和效果、促进实现发展战略中的重要作用，企业应当重视和加强企业文化建设，致力于打造优秀的企业文化。

从案例中看，德胜公司的内部控制有效性如何？

4. 打造优秀的企业文化。打造优秀的企业文化，是一个长期而复杂的系统工程，不能一蹴而就。企业在打造优秀企业文化的过程中，要注重塑造企业核心价值观。价值观回答的是"企业应该怎样做"的问题，是全体员工共同遵守的价值标准和基本信念，体现了以总裁为首的企业核心团队的精神，往往也是企业家身体力行并坚守的理念。它明确了企业提倡什么、反对什么。在此基础上，企业要突出主业，重点打造以主业为核心的品牌。品牌通常是指能够给企业带来溢价、产生增值的一种无形资产。这是企业的招牌，与企业的整体形象联系在一起，带给消费者持续的心理暗示和导向。同时，企业要充分体现以人为本的理念，尊重劳动、尊重知识、尊重人才、尊重创造，用美好的愿景鼓舞人，用宏伟的事业凝聚人，用科学的机制激励人，用优美的环境熏陶人，增强员工的主人翁意识和社会责任感，激发其积极性、创造性和团队精神。最后，企业要强化企业文化建设中的领导责任。企业带领人是企业文化建设的灵魂人物，很关键。企业主要负责人要站在战略高度重视企业文化建设，对企业文化建设进行系统思考，确定本企业文化建设的目标和内容，提出正确的经营管理理念。

结合案例来看，德胜公司在价值观塑造、品牌打造等方面进行企业文化建设的情况如何？

5. 企业文化差异与文化整合。不同企业文化的差异和磨合发生在并组企业重组中，也有可能出现在企业的内部。企业在进行文化建设的过程中，要注意企业间文化的差异和理念冲突，特别注重文化整合，在组织架构设计等环节考虑文化整合因素，确保企业文化建设顺利成功。

案例中，德胜公司在进行企业文化建设的过程中是否存在文化差异和文化整合的情况？

5.2.3 问题应对思路与问题解决

1. 企业文化建设可以为企业提供精神支柱。 从案例中看，德胜公司是否具备这种现代企业精神？

从解决思路上看，首先要明确什么是现代企业精神，再结合德胜公司的案例进行分析判断。

从解决对策上看，企业精神一般指企业经营管理的指导思想，是企业文化的一项重要而复杂的内容，目前并无统一的说法。现代企业精神是现代意识与企业个性相结合的一种群体意识。每个企业都有各具特色的企业精神，其往往以简洁而富有哲理的语言形式加以概括，能在企业多数员工心中达成共识。

德胜公司虽然身处房地产行业，但同时兼做教育、公益慈善等事业，这本身就能体现企业的特点。在"诚实、勤劳、有爱心、不走捷径"的价值观指引下，德胜公司不扩张、不做大、不上市，而是做强、做精、做好自己。德胜公司 2019 年第 1 号嘉奖令，是对员工主动将公司多给自己计算的加班报酬退回的奖励，更是德胜公司企业精神的彰显。这种诚实守信的行为，也是德胜公司员工精神面貌的写照。简单做人、认真做事的观念深入公司员工的内心，对德胜公司来说不但是企业文化，也是所有员工的信仰。

2. 企业文化建设可以提升企业的核心竞争力。 从案例中看，德胜公司是否具备这种核心竞争力？

从解决思路上看，要明确德胜公司核心竞争力的所在，同时结合德胜公司的企业文化建设的实际效果进行判断。

从解决对策上看，德胜公司具备这样的核心竞争力。德胜公司作为一家商业性公司，要创造利润，也要实行严格的企业管理，但凡与产品的质量和服务直接关联的管理都是精细化管理。不同之处在于，这种管理同时还是一种人性化管理。也就是说，落实公司严格的管理制度并不靠制度本身，而是靠每个员工的心灵。

德胜公司将企业文化的柔和与制度化的管理完美结合。德胜公司有员工 1 000 人左右，流失率基本为 0，大部分员工都工作了 5—10 年或以上。公司不设副总裁等类似的职位，全部高管 13 人左右，即使销售人员仅 1 人，每年仍然可保持年销售额 5 亿元左右，并且占据行业第一。这种核心竞争力，其他企业无法复制。原因与总裁影响下企业管理风格有关。聂圣哲最初的想法并不完全是做企业，而是做企业背后的教育，而这种精神不容易被复制。德胜公司不追求利润最大化的做法反而成就了其行业第一的地位，而这正是企业文化的魅力和威力。

3. 企业文化建设可以为内部控制有效性提供有力保证。从案例中看，德胜公司的内部控制有效性如何？

从解决思路上看，要明确企业文化建设的效果，同时结合德胜公司内部控制的实际效果进行综合判断。

从解决措施上看，德胜公司的管理理念是凡与产品的质量和服务直接关联的管理都是精细化管理，凡是与质量和服务间接关联的管理都是人性化管理。德胜公司的企业管理模式被称为能和美国泰罗制、日本丰田汽车并列的管理模式，在一定程度上说明德胜公司的管理有效性，也经历了实践的检验。德胜公司拥有上千名的员工，但基本没有流失，人员稳定性极高，在仅有十多名高管的管理下，公司管理问题和差错较少发生，说明德胜公司一直在高效运转；同时，能在细微处体现内部管理的细腻性。从德胜公司 2019 年第 1 号嘉奖令看，类似这些财务上的长款被员工主动退回的行为，说明员工真正将公司视为自己的公司。2020 年，德胜公司被评为 2020 年度企业文化建设示范单位，总裁则被评选为 2020 年度企业文化建设功勋人物，说明企业文化建设在德胜公司的成功，也得到社会和市场的广泛认可。

4. 打造优秀的企业文化。结合案例来看，德胜公司在价值观塑造、品牌打造等方面进行企业文化建设的情况如何？

从解决思路上看，要结合德胜公司企业文化建设的具体情况进行判断。

从解决对策上看，在价值观塑造上，聂圣哲结合自己的人生经历和管理理念，总结德胜公司母公司的优良传统和经营风格。同时，他博采众长，广泛借鉴外国先进企业的优秀文化成果，在企业精神提炼、理念概括、实践方式上体现出鲜明的特色，形成既具有时代特征又独具魅力的企业价值观——诚实、勤劳、有爱心、不走捷径，并以此指导企业的经营管理。

在品牌打造上，德胜公司专注于现代轻型木结构住宅领域，不扩张、不做大、不上市，而是做强、做精、做好自己，将企业核心价值观贯穿于自主创新、产品质量、生产安全、市场营销、售后服务等方面的文化建设中，打造了让消费者长久认可、在国内外市场彰显强大竞争优势的品牌，即使在只有 1 名销售人员的情况下，仍然稳定占据着行业第一的位置。

在以人为本和领导责任方面，德胜公司在《德胜员工守则》中强调，简单纯洁的同事关系是公司健康发展的保证，"君子之交淡如水"是德胜公司推崇的人际关系法则。德胜公司要求每位员工每天早上都要默读一句话："我们实在没有什么大本事，我们只有认真做事的精神。"通过润物细无声的文化塑造，德胜公司的每位员工都相信，只要自己认真了，就有可能成为第一。总裁聂圣哲本人横跨文、理、工三个领域，且都成就斐然。在某种程度上可以说，德胜洋楼优秀企业文化的成功打造就是聂圣哲的长期思考并付之行动的结果。

5. 企业文化差异与文化整合。案例中，德胜公司在进行企业文化建设的过程中是否存在文化差异和文化整合的情况？

从解决思路上看，要判断德胜公司是否存在文化差异和文化整合，要先去了解企业创始人或者高管团队的思想，同时结合案例进行判断。

从解决措施上看，德胜公司作为美国联邦德胜公司在我国苏州工业园区设立的全资子公司，在计划设立和设立初期的阶段会有明显的文化差异。由于总裁聂圣哲本身有在异国生活工作的经历，所以，重点要看德胜公司设立初期的情况，特别是与我国企业文化的大环境相适应的问题。

而聂圣哲是用中国传统文化中的"君子"文化，对此进行调整和融合。在治理结构层面上，保持现代企业基本架构，但在内部机构设置层级上则尽量减少高管，既降低成本，又可使德胜公司的管理运转保持一定高效性，从而可以将中外不同人群及其背后的文化合而为一，进而能通过企业实践，保持企业内部文化的统一性，不断增加企业的凝聚力、向心力，确保德胜公司文化建设和文化创新的成功。

5.2.4 知识延伸

1. 企业文化建设需不需要灵魂人物？

健康优秀的企业文化建设是一项系统工程，是由企业的核心层，特别是企业负责人精心设计、执行层全力配合、企业全体员工愿意遵守的过程。在这个过程中，企业负责人起着主要作用，某种程度上可以说企业负责人是企业文化建设的第一推动者。企业负责人在企业发展战略的指导下，基于自身的学识、眼光和格局形成的价值观念、经营哲学和行为规范，并且率先垂范，身体力行，不断将企业文化内植于公司上下自觉的行为和准则。

企业在创业初期，显然创始人的个人魅力是至关重要的。在企业发展壮大的过程中，仍然需要创始人发挥特有的影响力。但到了后期，创始人的作用要尽量减弱，以便后来的接任者能换个角度去完善以往的企业文化，或者不断推陈出新，使企业文化建设更上一层楼。当然，不同的企业情况不同，企业要根据具体情况去处理。

2. 企业文化建设中如何面对人性？

员工作为企业文化建设的主体，需要践行企业的价值观、经营理念和企业精神等。因此，企业要重视员工的意见和建议，充分发挥全体员工的积极性和创造力，使企业所倡导的目标根植于心，并且成为共识落实在具体的、实际的工作中。但人性又是复杂的，需要纪律去遏制其中的懒惰和恶，也需要共情去触动激发人性中的善和美，所以有效的管理需要恩威并施。

但何时施"恩"，何时施"威"，或者施"恩"和"威"的顺序和时机，也是一个不太好处理的技术问题。

一般来说，一个企业的企业文化首先是从接触的员工精神风貌上感知，不管是稳健厚重，还是积极向上，或者是人浮于事，都能让人在初次接触时有直观上的感知。对于企业文化建设来说，其结果的理想状态应该在表现形式上让人感到可以亲近，初次接触就有一种扑面而来的感动，希望或渴望成为这个企业一分子。但在企业文化的建设过程中，为了达到最佳效果，企业需要根据实际情况，对于触及企业价值观底线的情况严厉处理。

所以，建设优秀的企业文化实际上需要良好的企业制度的配合。企业文化建设若单纯靠心理道德上的自觉，往往会走到另一个极端。这就需要一个刚性的制度去贯彻文化理念，在长期的磨合中将企业文化反复打磨，最终定型到一个合适状态，从而形成员工与企业共同进退的企业文化。

3. 德胜公司的企业文化是乌托邦吗？

作为一家被哈佛大学商学院写入管理案例的企业，德胜公司是一家罕见的用价值观打造出来的企业，也是我国首家把农民工培养成高素质产业工人的企业。德胜公司追求的是一种做老实人的真正智慧，从来不搞商业贿赂，也不偷税漏税，贬抑"关系"型竞争，崇尚公正，尊重每一个员工个体，视员工的生命为公司最宝贵的财富，不认同员工冒着生命危险去抢救公司财产以及他人财产的价值观。德胜公司也不允许员工带病坚持工作，认为带病坚持工作是对自己身体不珍惜的行为，这些表现使其被人誉为乌托邦式的企业。

那德胜公司是乌托邦式的企业吗？乌托邦原意是理想中最美好的社会，是英国空想社会主义者莫尔所著书名的简称。作者在书里描写了他所想象的实行公有制的幸福社会，并把这种社会叫作乌托邦，意为没有的地方。后来乌托邦泛指不能实现的愿望、计划等。

从德胜公司来看，企业拥有正确的经营理念，找准自身的定位，在"诚实、勤劳、有爱心、不走捷径"的全新企业价值观的指导下，将持续优化的管理系统不断落到实处。《德胜员工守则》是德胜公司理念说明的管理规则和规范，从管理层到普通员工都在实践着公司管理的每一个细节，从而形成踏实的工作作风，遵守行为规范，这是实现德胜公司基业长青、永续经营的保证。

比如，爱心是工作的动力，是管理到了最高境界不可缺少的东西。但一般人的爱心或多或少更多是停留在口头上，或写在纸上，挂在墙上，但德胜公司的爱心是建立在努力提高员工待遇等真金白银的真实基础上，建立在领导对普通员工的行为举止以及企业对员工个体生命的高度重视上。但是，德胜公司并不认为高尚的道德能代表一切。相反，德胜公司相信没有一个人的道德是永恒的，为此德胜公司确定了权力制约的规则，最高管理者也要受到权力的制约。

一般企业发展到一定程度，敏锐的企业家会比普通人更早、更迫切地体会到企业发展中的文化瓶颈，从而率先萌生研究文化和改造文化的动机。德胜公司在商业实践中，看到企业文化的重要性，从而在制度、技术与道德之间寻求平衡，并通过贯彻良好的商业伦理来打造企业核心竞争力，推动保障企业永续发展。与其说这是德胜公司或某个人的胜利，不如说是企业文化在企业的发展中切实发挥了作用。

5.3 复盘与思考

一般人可能认为企业文化比较抽象，但经历了中航油事件的 CAO 却能理解体会到企业文化中的别样滋味。由于身处外国，国内长期形成的思维方式、习惯和行为模式都要被替换成国际通用的方式。这不是行不行、可不可以的问题，而是必须，因为企业文化关乎企业的生死存亡。而看起来不太匹配的风险文化意识，经过长期强化，不但成为 CAO 企业管理的重要抓手，而且成为走向现代化企业治理的起点。

与之类似，聂圣哲主导的德胜公司则把企业文化做成立身存命的前提，其特有的"君子"文化，看起来充满了天真和幻想，却将企业上至管理人员下至普通员工的心紧紧连在一起，在充分发挥潜能和主观能动性的基础上，逐渐内化成为企业发展中的核心竞争力，也成为国际商海中他人无法模仿和逾越的一个高峰。

第 2 篇

企业内部控制活动部分

第6章 | 资金活动

企业控制活动包括资金活动、采购业务、资产管理、财务报告等九项。其中资金活动排序在第一位，是资金运营业务。采购业务和资产管理等是常规业务控制，财务报告是控制活动。

本章的主题是理解企业内部控制中的资金活动，了解并关注资金活动的风险问题。资金活动，是企业筹资、投资和资金运营等活动的总称。由于影响企业资金活动的因素较多，企业资金活动的管理和控制面临的困难较大，资金活动内部控制通常是企业内部管理的关键和薄弱环节。资金活动内部控制的失误，往往会给企业带来致命打击。加强和改进资金活动内部控制，是企业生存和发展的内在需要。

通过阅读本章内容，读者将对企业开展资金筹集、投放和运营等活动的业务流程、主要风险类型和风险控制措施有一个整体认识，初步了解应对资金活动风险的相关方法，学习如何维护资金的安全与完整，防范资金活动风险，提高资金效益，促进企业健康发展。

6.1 巨人集团：筹资失败背后的规律

　　本案例围绕企业筹资活动的业务流程、主要风险类型及其风险控制措施展开，对取得企业日常生产经营和未来发展活动所需资金、防范筹资风险、降低筹资成本以及保障企业正常发展具有重要的意义。

6.1.1 案例导读

　　巨人集团是我国改革开放后成长起来的民营高科技企业，前身是1989 年史玉柱承包的天津大学深圳科技工贸发展公司计算机部。其最早从自主研发的巨人汉卡业务起步，涉足过计算机软件、健康产业、金融投资、互联网文化娱乐、新能源等产业。其在多个领域创造过全国知名品牌，巨人汉卡、脑白金（1998 年之前称为脑黄金）、黄金搭档、征途等。1997 年在建设巨人大厦过程中出现的筹资问题，成为巨人集团前后两个发展阶段的重要分界点。

　　1993—1994 年，全国兴起房地产和生物保健品热，为寻找新的产业支柱，巨人集团在计算机产业之外，开始探索向生物工程和房地产多元化经营转型。1994 年初，巨人大厦动工。最初大厦计划建 15 层，后来在各方因素的共同作用下，方案一改再改，从 38 层到 54 层，再到 64 层，最终定格在 78 层，号称当时中国第一高楼，投资也从 2 亿元增加到 12 亿元，这超过了当时巨人集团的资产规模。但巨人集团未充分考虑资产盈利性与流动性之间的关系，也没有合理利用财务杠杆，为后来的财务危机留下了隐患。特别是巨人集团各子公司之间的财务关系更像一个大拼盘，各自为政，难以形成合力，直接将企业发展暴露在风险之中。1996 年巨人大厦资金告急，史玉柱决定将保健品方面的全部资金调往巨人大厦。保健品业务受抽走的资金影响，再加上管理不善，迅速盛极而衰。巨人集团危机四伏。此时，脑黄金的销售额达到 5.6 亿元，但烂账有 3 亿多元。生物产业的发展受到了极大的影响。

按原合同，大厦施工 3 年建到 20 层，巨人集团要如期履约；若由于施工地基渗水等原因造成工程延期，大厦未能如期完工，巨人集团应退还《楼花买卖协议》中约定的定金并给予经济补偿。1997 年初，各方债主纷纷上门，巨人集团现金流断裂，媒体集中报道巨人集团财务危机。完成桩基、承载平台、地下三层以及地上二层的巨人大厦不久后被迫停工。在欠债 2.5 亿元人民币后，巨人集团濒临破产。

6.1.2 问题聚焦

1. **资金活动与控制活动**。控制活动是企业根据风险评估结果，采用相应的控制措施，将风险控制在可承受度之内的活动。《企业内部控制应用指引》的 18 项具体业务，大体可以划分为 3 类，即内部环境类、控制活动类、控制手段类，基本涵盖了企业资金流、实物流、人力流和信息流等各项业务和事项。其中，控制活动类包括资金活动、采购业务、资产管理、财务报告等 9 项。一般认为，控制活动是内部控制的主体，涉及各个管理及业务制度、流程中的具体控制点设置。

结合 COSO 五要素整合框架，分析案例中巨人集团的资金活动在控制活动中处于什么地位。

2. **筹资活动与发展战略的关系**。企业发展战略是企业投资活动、生产经营活动的指南和方向。企业筹资活动应当以企业发展战略为导向，正确制定筹资目标和规划，结合年度全面预算，拟订筹资方案，明确筹资用途、规模、结构和方式等相关内容，对筹资成本和潜在风险作出充分估计。资金活动及其内部管控情况，对企业的生产经营影响巨大，资金活动等的情况是企业发展战略执行力的体现。

从案例中看，巨人集团的筹资是否严格遵守公司的发展战略？

3. **筹资风险**。资金是企业经营活动的一种基本要素，筹资是企业创建和生存发展的一个必要条件。筹资对企业的创建、生存、发展意义重大。筹资活动及其内部控制情况，是企业资金活动的起点，也是企业整个经营活动的基础。通过筹资活动，企业取得投资和日常生产经营活动所需的资金，从而使企业投资、生产经营活动能够顺利进行。较高的筹资成本、不合理的资本结构和较高的筹资风险，常常使企业经营压力倍增，甚至铤而走险，从而使企业经营和发展难以为继，财务风险很大，企业正常发展受到严重制约。

巨人大厦筹资失败是巨人集团发展历程中重要的分界点。巨人大厦的停工影响了整个集团的发展方向，回顾当时的困境，应该如何有效应对其中的风险？

4. **筹资方案**。筹资活动的内部控制好坏不仅决定着企业能否顺利筹集所需资金，还决定着企业最终效益的高低。较低的筹资风险，能够使企业从容追求长期目标，实现可持续发展；反之，则可能引爆企业固有问题，以致影响企业生存发展。由于影响企业筹资活动的因素较多，涉及面较广、不确定性较强，企业筹资业务可能面临的重要风险类型也较多，需要企业对筹资方案进行科学论证。境外筹资还应考虑所在地的政治、经济、法律、市场等因素。一旦筹资不当，会引发资本结构不合理或无效融资，甚至可能导致企业筹资成本过高或债务危机。

从案例中看，巨人集团的决策基于什么？

5. **会计控制**。会计控制是企业稳健发展的关键环节，资金管理一直被视为企业财务管理的核心内容，是企业经营管理的重要部分。企业应当按照国家统一会计准则制度，加强筹资业务的会计系统控制，正确核算和监督资金筹集等相关业务，妥善保管筹资合同或协议等资料，定期与资金提供方进行账务核对，确保企业有限财务资源的合理配置和有效利用，保持资产结构与资本结构、资产盈利性与流动性的有机协调，从而在资金上保证公司的健康发展。

巨人集团的会计控制是否按照会计系统控制要求进行操作？效果如何？

6.1.3 问题应对思路与问题解决

1. **资金活动与控制活动**。结合 COSO 五要素整合框架，分析案例中巨人集团的资金活动在控制活动中处于什么地位。

从解决思路上看，首先要明白 COSO 五要素具体是什么；其次，巨人集团作为中国的公司，其内部控制与美国的内部控制规范之间存在一些差异，要结合案例具体分析。

从解决对策上看，COSO 的五要素是内部环境、风险评估、控制活动、信息与沟通和内部监督。内部环境是其他四个控制要素的基础，控制活动是在判断自身的风险承受度后，经理层综合运用生产、购销、投资、筹资、财务等方面的信息，采取的相应对策。通过人工控制与自动控制、预防性控制与发现性控制相结合的方法，运用相应的控制措施，将风险控制在可承受度之内。而信息在组织内部传递，整个过程受到监督，并随着环境的改变而更新。因此，内部控制并非一项要素影响下一项要素的按顺序进行的过程，而是各个要素相互作用的过程。换句话说，COSO 五个要素的逻辑关系不是前后顺序，而是并列，五个要素缺一不可，任何一个内控目标的实现，都是五要素共同作用的结果。

从案例中看，巨人大厦停建是因为没有控制好资金链，最终使巨人集团陷于困境。这符合我们认为钱很重要的常识。资金的确是企业生存和发展的重要基础，但是仔细分析巨人集团筹资失败的原因，它又是战略、营销、财务包括媒体推波助澜等各种因素共同作用的结果。资金链的断裂只是起到了导火索的作用。因此，可以说此时的资金活动在巨人集团控制活动中的地位并不像其他企业那么关键或重要，相反用"催化剂"或"压倒骆驼的最后一根稻草"来形容可能更加准确一些。

2. **筹资活动与发展战略的关系**。从案例中看，巨人集团的筹资是否严格遵守公司的发展战略？

从解决思路上看，要先明确巨人集团的发展战略是什么，再结合案例中的筹资情况进行判断。

从解决对策上看，史玉柱以计算机创业起家，但是国际形势和计算机行业格局的变化让史玉柱看到了其中的危机。为解决潜在的风险问题，史玉柱提出"二次创业"的总体目标，实施产业战略转移，即跳出计算机产业，进入房地产、保健品和药品市场，走多元化的扩张之路。在此过程中，资金活动的管理与公司的多元化发展战略自然紧密联系在一起。巨人集团在市场营销最好的时期，每月市场营业额可达 3 000 万元~5 000 万元。所以，当巨人大厦的工程延期，买楼花者要求补偿，资金总额缺口约 1 000 万元时，史玉柱并不认为这对巨人集团是一个大问题。但后来由于媒体介入，放大了问题，形成大面积的"挤兑"。史玉柱虽多方奔走筹资，并出让巨人大厦股权换取资金，甚至有些忠诚的员工也愿意集资共渡难关，但终究于事无补。加上国家宏观调控政策等因素的综合影响，巨人集团陷入全面的财务危机。

因此，巨人集团的筹资活动是与企业的发展战略一致的。如果追本溯源，此次筹资失败的源头是史玉柱从计算机的主业定位转向多元化激进的扩张战略。这造就了巨人集团，也导致巨人集团在一夜之间倒塌。但这并不意味着战略的失败，而是与未能有效整合发展战略和资金活动等具体控制活动有关系。

3. 筹资风险。巨人大厦筹资失败是巨人集团发展历程中重要的分界点。巨人大厦的停工影响了整个集团的发展方向，回顾当时的困境，应该如何有效应对其中的风险？

从解决思路上看，首先要找准筹资失败的原因，再针对原因，根据企业内部控制的要求进行相应的处理。当初巨人大厦停工的直接原因是地基等自然原因，工期被延误10个月，引发债主上门"挤兑"；经媒体放大后，引发更大范围的恐慌，巨人大厦被迫停工，并引爆巨人集团固有的财务问题，从而导致巨人集团遭受致命打击。

但从更深层次的角度分析，延误巨人大厦工期的地基等自然原因只是一个偶发因素，即使地基不渗水，仍然有内外部的各类危险存在。企业筹资作为企业发展战略的重要组成部分，其中也存在着巨大风险，而史玉柱及其决策管理层对集团内外形势的分析及定夺，同样会影响巨人大厦的存留。

从解决对策上看，巨人大厦面对的风险不易解决，因为单纯建立风险控制制度并不能解决巨人集团的问题。从当时史玉柱的处境看，除了竭力不让巨人集团破产外，基本上没有更好的应对举措。建设巨人大厦筹不到所需的资金，若想重新开始，同样需要钱。

因此，可以换一种思路分析解决之道，即从巨人集团在后一个发展阶段的具体做法中去倒推当时具体的应对之策。在巨人集团因建设巨人大厦背负重债后，史玉柱从脑白金和黄金搭档重新起步。除保健品之外，史玉柱利用公司拥有的数亿元流动现金，先后向银行业和网游业投资。其中，2003年，史玉柱接收华夏银行发起人转让的1.68亿股股票，成为华夏银行的第六大股东。史玉柱接手冯仑的民生银行股票也是个意外，当时冯仑清理非地产主业的资产，但股市低迷，转让困难。最终的结果是史玉柱接手冯仑拥有的民生银行1.43亿股股票，成为民生银行的第七大股东。由此可以想象当年巨人大厦缺少银行贷款导致资金链断裂被迫叫停的经历给史玉柱留下的阴影。2007 年，在网游业站稳脚跟后，史玉柱宣布上海征途网络正式更名为上海巨人网络，表明这个巨人团队将重回当初那个巨人团队跌倒之处，让 IT 主业再次成为战略方向，而不再涉足房地产业。

4. **筹资方案**。从案例中看，巨人集团的决策基于什么？

从解决思路上看，首先要回到史玉柱当时决策的处境，分析当时存在的各种可能，然后判断巨人集团的决策依据。

从解决对策上看，面对不断加高的巨人大厦和不断提高的建楼资金预算，史玉柱最初的筹资设想是"三三制"，即 1/3 靠"卖楼花"，1/3 靠自有资金，1/3 靠贷款。这种方案从理论上看大胆且完美，但在实际操作过程中却存在各种隐患，随时有可能引发问题。

首先，"卖楼花"是史玉柱借鉴香港房地产的筹资方式以楼房预售的方式获得资金，在当时这是一种融资创新，可以解决巨人集团前期的部分资金来源，但筹资数额有限。一旦房地产泡沫破裂，或者大厦建设出现问题，都会引起不良的社会反应，严重影响公司的生存发展。李嘉诚在当时霍英东开创的后来广泛流行于房地产市场的"卖楼花"潮流中，选择谨慎入市，稳健发展，最终躲过了房地产泡沫，声名鹊起。

其次，当时巨人集团脑黄金发展迅速，史玉柱设想可以不断利用保健品的销售利润来补足建设大厦所缺资金。这里的前提条件是保健品市场要一直畅通无阻。但由于市场变幻不定，实际上谁也无法保证实现这个条件。而史玉柱设想通过提前透支未来企业利润来实现，这是把预期的利润当成了实际的收益，并以此为基数来推进工作，这本身就是风险。一旦预期利润不到位，隐患随时可能爆发，严重影响巨人大厦的建设和企业的生存。

最后，银行贷款是房地产筹集资金的传统渠道。随巨人集团顺利发展之大势，巨人大厦不断加高，所需资金也随之增加。不管是自有资金，是通过"卖楼花"向社会筹集的资金，还是银行贷款，都是虚拟资金，并没有一个筹资渠道或资金来源能实实在在地保证巨人大厦建设所需资金。这里面存在大量的不可控因素，如果能延续之前的顺利，或者好运气，那史玉柱的这个筹资方案不论在理论上还是实际中都是经典之作。但命运并非由人掌握，运气终究可遇不可求。

在 1997 年以前，巨人集团低开高走，旋即黯然离场。从 1989 年的一个电脑部起家，通过看似冒险大胆的方式，史玉柱一鸣惊人。至 1995 年，在巨人大厦动工后的 1 年，史玉柱被《福布斯》列为中国内地富豪第 8 位。巨人集团由此迅速奠定商业地位。在筹资策略中，如果巨人集团可以根据公司战略，合理安排筹资结构，且当时的保健品销售也能顺畅，使现金流充沛，即使银行贷款不到位，巨人大厦仍可如期完工。

5. 会计控制。巨人集团的会计控制是否按照会计系统控制要求进行操作？效果如何？

从解决思路上看，企业由于受到主客观条件的限制，很难做到自动对资金活动施以有效控制。资金活动内部控制的失误，往往给企业带来致命打击。因此，首先要梳理巨人集团当时的会计工作，同时结合会计控制要求对巨人集团会计控制的效果进行判断。

从解决措施上看，资金活动内部控制通常是企业内部管理的关键薄弱环节。由于缺乏必要的财务危机意识和预警机制，巨人集团对企业资金活动的管理和控制方面所面临的困难缺乏冷静的思考。其财务结构始终处在一种不合理的状态，导致资产结构与资本结构、盈利性与流动性的相互矛盾。巨人集团监事会曾指出集团内部出现各类违规、违约、违法案例，截留、坐支、挪用公款等问题。

在多元化发展战略的指导下，巨人集团迅速扩大。在财务管理上，企业要对自身业务活动做出科学的、准确的定位，做好资金活动的管控，同时根据企业内外部的环境变化做出客观的判断，使企业集团化与财务控制制度建设保持同步发展。巨人集团采用的是控股型组织结构形式，各个子公司保持相对独立性，但却缺乏相应的财务控制制度，没有及时、合理处理自身与外界的各种关系和矛盾，从而导致各种财务问题出现。特别是巨人集团在建造巨人大厦过程中，不断增加资金预算，使巨人集团的资金严重不足，也没有对有限财务资源进行合理配置和有效利用，从而导致财务危机的全面爆发。

6.1.4 知识延伸

1. 巨人集团的成功和失败都无法复制。

巨人集团的失败有人的因素，也有当时时代背景的因素。两者结合就是某种带有规律性的启示。20 世纪 90 年代的特殊处境，是史玉柱及巨人集团当时一切战略规划及工作的出发点。巨人集团作为国内知名的高科技企业，有亿元资产和 38 家全资子公司，计划于 1995 年上市，1996年目标产值为 50 亿元，成为我国最大的计算机企业。

从史玉柱的角度来看，1993 年在决定建设巨人大厦时，公司高速发展，业务处在上升期，销售额达到了 3.6 亿，成为仅次于四通的全国第二大民营科技公司。史玉柱本人也成为珠海市"第二届科技重奖"特等奖得主，获奖轿车一辆、住宅一套和奖金 63 万元。建设巨人大厦刚好处于巨人集团处在巅峰的发展阶段。

从当时往后看，人们看到的可能更多是顶峰中的顶峰。这种看法的背后实际也有一个规律。在 20 世纪 90 年代的企业家群体中，高学历者不多，背后的规律是在当时的时代大潮中，特别是刚被国家定为"经济特区"的深圳，顾忌少的企业家往往能抓住稍纵即逝的商机。而史玉柱天性中的两面性，犹如一把双刃剑，让他敢于把预期的利润当成实际的收益，并以此为基点，来设定包括建设巨人大厦在内的战略规划。不管是豪赌还是勇气，史玉柱都符合那个时代创业型企业家所具备的特质。

2. 筹资失败只能事后反思总结。

在某种程度上可以说，巨人大厦的停工是各种因素共同导致的结果，并不是单纯的地基问题。地基的问题只是将巨人集团固有的各种风险暴露出来。

如果离开当事人所处的特定环境，离开巨人集团当时针对公司内外形势制定的经济发展战略，我们将难以理解史玉柱及巨人集团将巨人大厦一再加高的动机和原因。

巨人集团考虑到了一旦筹资不当，会引发筹资成本过高或债务危机甚至更严重的后果，但或许出于创业的激情，或许是创始人史玉柱的天性使然，他们未对此引起重视。

巨人集团在筹资时考虑到国内外的政治、经济、法律、市场等因素的影响，但是，由于一些具体的处境，即使考虑到了也没法完全避免。如果再回到从前，史玉柱也只能一往无前。史玉柱本身就是在一无所有的情况下起家的，即使输也不过是再次一无所有。从舒适的体制内退出，除了向前，史玉柱没有选择。毕竟人只有在受到强烈的伤害后，才会真正去考虑影响风险的因素。

3. 史玉柱打造百年老店的成功对普通人的意义。

史玉柱东山再起时，扬长避短，在战略上开始稳扎稳打，继续发挥广告营销的长处，快速占领市场，获得继续前进的资金。同时，他高度重视筹资问题，先后入股并增持华夏银行和民生银行股票，确保资金链安全和资金供给。在一切有序完成之后，史玉柱回归 IT 本业，将主业定格为网络游戏业。这充分说明，史玉柱在起伏沉淀后，以经营百年老店的精神，执着于那个他抓住的万事万物背后的规律中。

史玉柱走过的路，我们未必需要重新去走，但是在他的人生跌宕起伏的经历中发现的一些经验和规律，值得每一个人参考。

这个规律是面对现实、接纳现实，专注于主业，抓住已有的，特别是自己能直接掌控并随时变现的资金渠道和来源，不被虚荣心影响，做自己擅长的事，用经营百年老店的精神去打造重新站立的"巨人"。

6.2 中航油（新加坡）公司：失败的期权交易

本案例围绕企业发展战略制定及实施中的主要风险展开，对企业提升经营管理效能，在激烈的国内外市场竞争中保持健康可持续发展具有重要的意义。

6.2.1 案例导读

CAO 成立于 1993 年，是 CNAF 的外国子公司，由于市场定位不当等，曾先后经历了两年亏损和两年休眠期。1997 年 CAO 恢复营运，2001 年在新加坡交易所主板挂牌上市，成为 CNAF 首家上市公司，也是我国首家完全利用外国自有资产在国际证券市场上市的中资企业。

2003 年下半年，CAO 开始交易石油期权，当年盈利 580 万美元。2004 年第一季度，在油价涨到 30 美元以上时，CAO 改变交易战略，开始卖出买权并买入卖权，其后导致公司潜亏 580 万美元。为避免在会计报表的季报中反映亏损，CAO 在高盛等投行的建议下，按照正常的交易流程，于 2004 年 1 月、6 月和 9 月三次进行挪盘（即与另一家期权交易商互换手中的期权盘口），以期油价回落，弥补亏损，但 10 月，国际油价持续上涨。2004 年 10 月 10 日，亏损增至 1.8 亿美元。为此，CAO 开始首次向 CNAF 呈报交易和账面亏损。2004 年 10 月 20 日，CNAF 提前配售

15%的股票，将所得的1.08亿美元资金贷款给CAO。随后，CAO将此款用来补仓和偿还部分亏损。2004年10月26日，三井物产能源风险管理公司正式发出违约函，催缴保证金。CAO被迫在高价位上实行部分斩仓，账面亏损第一次转为实际亏损1.32亿美元。2004年11月8日到25日，CAO的衍生商品合同继续遭逼仓，截至25日，实际亏损达3.81亿美元。2004年12月1日，在亏损5.5亿美元后，CAO被迫向法庭申请破产保护令，成为继巴林银行破产以来最大的投机新闻，而陈久霖等高管后来也分别受到了相应的处分。

但从账面上看，CAO2004年6月的财务统计报表不但没有问题，而且显示经营状况较好（见表6.1）。

表 6.1 CAO 财务统计报表部分内容

单位：亿元人民币

科目	金额	科目	金额
总资产	42.6	总负债	31.1
净资产	11		
长期应收款	11.7	应付款	11.7
资产负债率		73%	

6.2.2 问题聚焦

1. **投资活动及其内部管控情况**。投资活动及其内部管理情况对企业的生产经营影响巨大。中航油事件是 CAO 发展历史中重要的转折点。

CAO 是如何在期权交易中操作并导致巨额损失的？如何应对其中的风险？

2. **企业发展战略**是企业投资活动、生产经营活动的指南和方向。企业投资活动应该以企业发展战略为导向。企业应正确选择投资项目，合理确定投资规模，恰当权衡收益与风险。若是境外投资，企业还应考虑当地的环境因素。

从案例中看，CAO 是否根据公司目标和规划，合理安排资金投放结构？其选择投资项目是否突出主业，是否谨慎从事股票投资或金融衍生产品等高风险投资？ CAO 投资时是否考虑所在国的政治、经济、法律、市场等因素的影响？

3. **投资的可行性研究报告**。企业天性逐利，往往过度追求短期利益，以致铤而走险。投资活动内部控制通常是企业内部管理的关键薄弱环节。由于影响企业投资活动的因素很多，涉及面很广，不确定性很强，企业资金活动的管理和控制面临的困难很大。企业对投资项目应进行严格的可行性研究与分析，对投资方案进行可行性论证。

CAO 是否根据实际需要，委托具备相应资质的专业机构对投资活动进行可行性研究，提供独立的可行性研究报告？

4. **投资的决策审批**。投资活动作为企业的一种盈利活动，对于筹资成本补偿和企业利润创造具有重要意义。加强和改进投资活动内部控制，是企业生存和发展的内在需要。投资方案要通过分级审批、集体决策来进行，决策者与方案制定者应是不同的人。这是堵塞漏洞、防止舞弊的重要手段。没有严格的授权审批制度和不相容职务分离制度，企业投资就会出现随意、无序、无效的状况，导致投资失误和企业生产经营失败。

CAO 在投资重大项目时，是否按照规定权限和程序进行决策审批？

5. **责任追究制度**。按照责、权、利相统一的原则，与投资责任制度相适应，企业还应建立严密的责任追究制度，即投资活动完成后要按规定进行投资后评价，对存在违规现象的，严格追究其责任。

CAO 对于到期无法收回的投资，是否建立责任追究制度？

6.2.3 问题应对思路与问题解决

1. 投资活动及其内部管控情况。CAO 是如何在期权交易中操作并导致巨额损失的？如何应对其中的风险？

从解决思路上看，中航油事件的产生源于 CAO 在场外交易（Over-the Counter，OTC）市场上卖出了大量石油看涨期权（call option）。与场外交易对应的是场内交易，场内交易又称交易所交易，指所有的供求方集中在交易所进行竞价交易的交易方式。场外交易比场内交易风险高，优点是灵活，买卖双方可以自行洽谈条件。同时，场外交易也使得集团公司和新加坡监督机构通过正常的财务报表不能发现 CAO 实际存在的风险及潜在的损失。

看涨期权又称认购期权，指期权的购买者拥有在期权合约有效期内按执行价格买进一定数量标的物（如石油）的权利。出售看涨期权的交易方随时可能被迫承担因交易对手行权而产生的损失，故卖出看涨期权是金融衍生产品中风险品种之一。

2003 年底至 2004 年，CAO 调整交易策略，卖出了买权并买入了卖权，导致期权盘位到期时面临亏损。为避免亏损，CAO 先后进行三次挪盘，每次挪盘均成倍扩大了风险，直至公司不再有能力支付不断高涨的保证金，最终导致了巨亏。

一般认为，看涨期权卖方的亏损风险是无限的。期权卖方需要很强的风险管理能力和强大的资金实力。所以，除摩根大通等大的投行外，很少有交易者敢于出售看涨期权。CAO 不具备这些条件却冒险涉足，存在很大的金融风险。

通过对中航油事件的全面梳理与反思我们可以发现，其风险管理体系由安永会计师事务所设计，若按照制度，亏损 50 万美元时则自动平仓。公司有 10 位交易员，也就是在累计亏损达 500 万美元时，就会斩仓止损。

但这个制度并没有得到落实。进一步来说，CAO 外部监管失灵，内部风险控制机制缺失，公司本身治理结构、内控制度和风险防范以及执行等方面都存在问题。

从解决对策上看，这类风险不易解决，因为单纯地建立风险控制制度并不能解决 CAO 的问题。应对其中的风险，必须从内外同时发力，并且内端要有真实的内在需求，才能上下一心加强制度的严密衔接，执行到位，真正控制住风险。

从内部看，CAO 在场外交易市场上卖出大量石油看涨期权，但石油价格不跌反涨。为避免亏损，CAO 先后进行了三次挪盘，每次挪盘均成倍扩大了风险，该风险在油价上升时呈指数级扩大，直至公司不再有能力支付不断高涨的保证金，最终导致了巨亏。

从外部看，CAO 的最大风险是公司违规从事投机性期权交易，内部风险管理制度未能得到有效执行。为此，公司要在上级主管部门的主导下，按照国际规则，引入外部战略投资者，进行内控机制再造，并针对之前的问题有计划地整改，重点是治理结构和风险管理。同时，董事会中要有熟悉新加坡法律的董事。

2. 企业发展战略是企业投资活动、生产经营活动的指南和方向。 从案例上看，CAO 是否根据公司目标和规划，合理安排资金投放结构？其选择投资项目是否突出主业，是否谨慎从事股票投资或金融衍生产品等高风险投资？ CAO 投资时是否考虑所在国的政治、经济、法律、市场等因素的影响？

从解决思路上看，自 1997 年以来，CAO 先后进行了多次战略转型，其中在 2001 年时转型为工贸结合型、实业与贸易互补型的实体企业。在上市的招股说明书中，中航油明确指出石油衍生品等为公司的主营业务，核心业务是航油采购。但 2003 年衍生品交易利润为 2 632.3 万美元，占公司总利润的 57.1%，这说明风险更大的投机性期权交易开始成为 CAO 的核心主业。

作为境外公司，CAO 投资时需要考虑所在国的政治、法律等因素的影响。从法律文化上看，新加坡的公司治理文化是注重法治的文化，特别强调公开披露重要信息。从法院认定的罪名看，"欺骗德意志银行"和"未披露信息"说明问题的关键在于法院认定 CAO 的行为严重破坏了新加坡正常的交易规则，扰乱了新加坡金融交易秩序，而不是其带来的经济损失。CAO 作为一家新加坡上市的中国国有企业，不具备这种法律规则意识，没有如实公告公司面临的真实问题，这也构成了违法。

从解决对策上看，CAO 在不同时期的战略目标不同，在对外公开的信息中均按照公司目标和规划合理安排资金投放结构。但在实际业务操作中，其没有谨慎从事金融衍生产品等高风险投资，相反衍生品交易利润占比过大，投机性期权交易已成为公司核心主业。表面合规合法的背后暗藏着大量的潜在风险和亏损。同时，作为外国中资企业，CAO 缺乏新加坡的法治思维，不了解规则和境外法律，特别是缺少真实的信息披露，这不但导致中航油巨亏事件的发生，也使高管违法入狱。

3. 投资的可行性研究报告。CAO 是否根据实际需要，委托具备相应资质的专业机构对投资活动进行可行性研究，提供独立的可行性研究报告？

从解决思路上看，中航油事件后，国内外有不少舆论认为中航油期货交易失败的关键是交易的核心信息由外籍人员掌握，落入了国际投机商设下的圈套。这是一种可能，提示了问题的部分原因。但从当时的情况看，纽约和伦敦每个月的期货合约加起来是 15 亿到 20 亿桶，是 CAO 持仓的 30 多倍，不太可能是因为逼空 CAO 造成的行情。值得注意的是，2006 年 3 月 8 日新加坡地方法院审理中航油一案时，法庭辩护词中对被告人 CAO 总裁陈久霖挪盘一事有这样的叙述："在咨询公司专业人员、高盛能源贸易子公司——J.Aron 公司以及三井能源风险管理公司之后，由于他们全都强烈建议最好的解决办法就是挪盘，陈久霖先生相信了他们的判断并采纳了他们的建议。"

根据历史上石油行情的涨跌规律，产量、需求、战争、货币贬值是影响油价的关键因素，一般规律是：战争或减产—短缺—价涨—投资增产—供过于求—价跌—再战争或减产……当时包括美国能源大公司专家普遍认为油价会下跌，中航油在油价涨到 30 美元以上时，从"做多"转入"做空"并没有问题。

从解决对策上看，CAO 按照国际惯例，聘请高盛等投行针对期权交易提供咨询服务，采纳了导致巨亏事件的挪盘建议。高盛的建议符合当时的主流看法。但事与愿违，国际油价超过大多数人的认知，不跌反涨。

4. 投资的决策审批。CAO 在投资重大项目时，是否按照规定权限和程序进行决策审批？

从解决思路上看，按照《企业内部控制应用指引第6号——资金活动》第十四条规定：企业应当按照规定的权限和程序对投资项目进行决策审批，重点审查投资方案是否可行、投资项目是否符合国家产业政策及相关法律法规的规定、是否符合企业投资战略目标和规划、是否具有相应的资金能力、投入资金能否按时收回、预期收益能否实现，以及投资和并购风险是否可控等。重大投资项目，应当按照规定的权限和程序实行集体决策或者联签制度。投资方案需经有关管理部门批准的，应当履行相应的报批程序。投资方案发生重大变更的，应当重新进行可行性研究并履行相应审批程序。

《企业内部控制应用指引》颁布于中航油事件后。2004 年，国资委推动中央企业开展全面风险管理。从此，"风险管理"这个词开始在央企大范围流行。2006年6月6日国资委下发《中央企业全面风险管理指引》，拉开了央企开展全面风险管理体系建设的序幕。2010 年 4 月，财政部会同证监会、审计署、银监会、保监会制定了《企业内部控制应用指引第1号——组织架构》等 18 项应用指引、《企业内部控制评价指引》和《企业内部控制审计指引》，自 2011 年 1 月 1 日起在境内外同时上市的公司施行。

从解决对策上看，CAO 作为国家批准有资格进行境外期货交易的国有企业，可以从事期货套期保值业务，但若扩大业务范围，从事风险极大的石油期权交易，应当及时按照规定向上报批。从目前的资料看，CAO 三次"挪盘"，集团公司均不知情，在亏损增至 1.8 亿美元后才首次向集团公司呈报交易和账面亏损。因此，CAO 要及时报告。当然，也有人分析，如此重大的金融衍生产品投资事件，CAO 管理层不敢不向集团公司报告。

5. 责任追究制度。CAO 对于到期无法收回的投资，是否建立责任追究制度？

从解决思路上看，1999 年 6 月，国务院发布的《期货交易管理暂行条例》规定："期货交易必须在期货交易所内进行。禁止不通过期货交易所的场外期货交易。""国有企业从事期货交易，限于从事套期保值业务，期货交易总量应当与其同期现货交易量总量相适应。"2001 年 10 月，证监会发布的《国有企业境外期货套期保值业务管理制度指导意见》规定："获得境外期货业务许可证的企业在境外期货市场只能从事套期保值交易，不得进行投机交易。"中航油的期权交易远远超过远期套期保值的需要，在性质上已经属于投机行为。

事发后，新加坡证券交易所立即指示普华永道（Price Wate-house Coopers 简称 PWC）作为特别审计方，调查公司亏损的真相。CAO 也成立了以公司董事为领导的特别行动小组，负责公司的重组和调查工作。集团公司则迅速向媒体表态，仅以出资额为限对 CAO 承担有限责任，CAO 的债务危机不会连带集团公司。集团总经理表示集团不可能承诺给予 CAO 无条件支持，但会给予其有条件的支持。国资委发表意见指出，其开展石油期权业务属违规越权操作行为，该业务严重违反决策执行程序，经营决策严重失误。

从解决对策上看，中航油事件后，国资委责令集团公司总经理、临时党委副书记荚长斌辞职；对于原副总经理、CAO 原执行董事兼总裁陈久霖，根据有关规定决定给予其行政开除处分和开除党籍处分。CAO 党委书记张知诚、公司总裁助理杨斌被给予相应的党纪处分和政纪处分。同时，新加坡初等法院判处陈久霖入狱服刑四年零三个月。

6.2.4 知识延伸

纵观 CAO 从"二次创业"到两次战略转型到发生巨亏再到重组重建，期货交易均扮演重要角色。随着期货交易的不断成功，CAO 迅速发展壮大，而期货交易亏损导致 CAO 申请破产。随着套期保值业务的恢复，CAO 实现与国际规则的对接，继续扩展全球业务。

1. 期货交易的成功使中航油获得快速发展。

CAO 在涉足期货交易前长期处于亏损状态，之后借助期货交易获得快速发展。

首先，CAO 通过期货交易的成功降低航油采购成本。管理团队通过期货交易实现"低买高卖"，控制大量采购风险，不断为 CNAF 降低进口航油的采购成本，由此逐渐获得更多的航油进口配额，并承担 CNAF 平抑油价、降低采购成本的任务。1997 年 CNAF 将 CAO 重新定位为以航油采购为主业的石油贸易公司。

其次，CAO 通过期货交易的成功获得进口航油垄断权。2000 年 CAO 获得 CNAF 全部外国采购航油权，成为实质上垄断国内航油供应的外国公司。CAO 也从账面资金 49.2 万新元的小公司，发展成为注册资金 6000 万新元、年营业额 15.5 亿新元的航油贸易枢纽，并于 2001 年在新加坡挂牌上市。其招股说明书明确指出石油衍生品等为公司的主营业务。2003 年衍生品交易利润为 2 632.3 万美元，占公司总利润的 57.1%。

最后，CAO 通过期货交易的成功获得集团公司的大力支撑。成功上市为 CAO 带来广泛声誉，也帮助 CAO 获得 CNAF 更加强有力的支持，使公司不断发展壮大。2002 年其成功获得西班牙最大石油设施公司 CLH 公司 5% 股权，稳步进入欧洲市场，成为跨国公司。2003 年其首次与沙特石油供应商签署柴油长期购销合同等，成为具有完整供应链的外国中资石油企业。至此，CAO 从一个纯贸易型公司发展至工贸结合型、实业与贸易互补型的实体企业。

2. 期货交易的失败凸显了中航油的固有问题。

CAO 通过期货交易的成功迅速发展壮大，但期货交易也暴露了 CAO 风险管理的问题，最终 CAO 向法庭申请破产保护令。

首先，期货交易的失败暴露了 CAO 风险管理的盲点。2003 年 CNAF 成为第二批国家批准有资格进入境外期货交易企业。PWC 调查报告显示，CAO 在 2002 年即开始从事期权交易，其利用新加坡声誉较好的上市公司的身份，为新加坡期权做市商与国内航空公司做中介赚取利差，其后利用自有资金从事期权投机交易，最终导致巨亏事件。CAO 以油品贸易为主业，不是专业投资机构，缺少必要的专业支持，可以从事相对安全的套期保值业务，但不应该有利用衍生品赚取收益的经营思路，更不应该利用自有资金继续从事具有无限风险的卖出期权业务。然而，如果 CAO 内部风险管理制度能够得到有效执行，其风险也可以得到有效控制。

其次，期货交易的失败折射了中西企业文化差异。CAO 具有国内公司的特点，这与西方公司治理主张公开披露重要信息的文化不同。国际认为中航油事件是中国经营者把国内市场养成的习惯带到国际市场中造成的。

3. 期货交易的恢复成为中航油国际化的拐点。

在上级支持下，CAO 按国际惯例重组，并针对之前问题有计划地整改。期货交易失败后，随着期货交易的恢复，这次失败实际成为 CAO 走向现代企业治理的起点。

首先，期货交易的恢复要求必须按国际规则重建。CAO 重组是新加坡当地历年来债务金额巨大、债权人众多且复杂的一次重组，也是我国首例外国上市中资企业的重组。重组并非当时 CAO 唯一的选项，但重组可以在全球彰显我国政府的魄力和我国国企的责任。CNAF 派出特别工作小组负责日常工作，国资委则针对中航油事件成立了专门的领导小组，对重组小组进行直接领导。

其次，期货交易的恢复要求重建的重点是治理结构。公司治理评估委员会提出 26 项公司治理的改进建议并全部得到落实。针对原监督、决策、执行权中存在的突出问题，一一对应整改。比如，针对股权结构中 CNAF 一股独大等问题，重组后引入战略投资者持股，并且在股东批准通过后方可实践重组方案。从而初步实现股东会、董事会和管理层三者分立。

再次，期货交易的恢复要求必须强化风险管理。针对风险管控体系执行弱等问题，建立举报等制度，同时以恢复运作油品国际贸易等核心业务为契机，投资建立起风险管理信息软件系统。引入 BP 亚洲投资有限公司等国际大型石油公司的培训机制，抓好人才专业技能培训工作，特别是风险管理技能，强化各董事和相关管理人员的风险意识。没有董事会的批准，管理层不能采取任何行动。强调只有在积累更多经验、充分评估并检测所有系统安全可靠的情况下，才考虑恢复航油套期保值和贸易活动。

最后，期货交易的恢复要求必须熟知法律法规。针对之前不了解法律法规及相关交易规则带来的期权危机，新董事会中引入两位法律专家。针对管理层未及时向投资者和监管机构公开重大信息而遭到处罚，成立披露委员会作为新董事会的五个委员会之一，由独立董事担任主席，确保及时、真实地披露信息。

6.3 复盘与思考

本章选择的两个案例分别是巨人集团和 CAO。前者是筹资，后者是投资，相同点在于两者都曾经辉煌过，也都曾经失意过。不同点是 CAO 在上级的支持下，通过引入 BP 亚洲投资有限公司等投资者进行战略重组，在利益各方都体现对相同规则的尊重及执行的前提下，借助新加坡的监管环境实现了新生，经过 5 年的过渡恢复，实现了权力有效制衡，再经过 10 年稳中求进式的发展，迎来了今天的局面。目前 CAO 已稳步发展成为国际一流能源贸易公司。

而巨人集团则是在国内，面对自己，不断反思，找到自己的优劣势后，以打造百年老店的定位，稳扎稳打，不求浮名与虚利，致力于把握商业和人性背后的规律，专注于擅长又具有长远性的主业，重新站起来。两个案例看似不同，实则有共通之处，虽在不同舞台背景，却各施所长，引人思考。正所谓"是非成败转头空，青山依旧在，几度夕阳红"。

第 7 章 | 采购业务

　　本章的主题是理解企业内部控制中的采购业务，了解并关注采购业务的购买与付款中的风险问题。采购是指购买物资（或接受劳务）及支付款项等相关活动。采购是企业生产经营的起点，采购流程的环节虽不复杂，但其中却隐藏着较大风险，对企业的生存与永续发展有重大影响。

　　通过阅读本章内容，读者将对企业采购业务的战略定位、采购计划、采购方式、采购验收以及付款审核等相关流程方面的风险问题有一个整体认识，初步了解应对企业采购业务风险的相关方法，学习如何加强企业采购业务方面的风险管理，确保物资采购与生产、销售等环节的紧密衔接，确保采购活动经济高效地满足生产者的需求，不断夯实企业生存发展的根基。

7.1 中航油（新加坡）公司：生存起点的采购业务

本案例围绕采购业务在企业发展战略定位中的主要风险展开，良好的定位是企业生产经营的起点，也是企业生死存亡的根本。而良好的采购业务管理可以促进其与生产、销售等环节的有效衔接，提升企业的采购效能。

7.1.1 案例导读

1997 年，陈久霖接任总经理后，面对处在休眠亏损状态的 CAO，全面分析公司内外部环境，认为如果要继续船运经纪的定位，企业仍然无法生存。CAO 身处世界油料市场中心，要结合 CNAF 在航油领域的优势，转型为以航油采购为主的贸易公司，而获得航油外国采购额度批文是突破点。这时航油采购业务不但是一般意义上的企业生产经营的起点，更是关系到 CAO 生存下去的起点。

由于无足够资金，陈久霖通过国内有资信的企业帮助"过账"，即事先谈好条件，然后请日本三井公司等外国供油商将油品卖给国内有资信的企业，CAO 再从国内这家企业买进并支付一定的费用。CAO 通过"过账"打开业务局面，并且在此过程中逐步建立企业资信。由于进口航油采购油价过高，CAO 按照国际规范实行公开招标，既拓宽了供应渠道，也大大压低了油价。

针对单船采购计划不合理以及成本过高的问题，CAO 结合实际，按照全国用户一年的航油进口量，科学安排采购计划，按季度或半年批量集中采购，通过规模采购，选择低价的供应商，进一步压低油价，规避采购风险。针对以往采购过程中运输方式不合理、忽视运输过程风险等问题，CAO 实行集中运输等方法，既节省了运输成本，也规避了采购物资损失或无法保证供应等风险问题，并再次掌握了中国进口航空油品市场的运输权。CAO 的努力赢得了国内总公司的信任，开始肩负着为 CNAF 平抑油价、降低采购成本等重任。1997 年 CNAF 将 CAO 重新定位为以航油采购为主业的石油贸易公司，这意味着 CAO 真正开始了事业的起步。

7.1.2 问题聚焦

1. **企业采购业务与发展战略的关系**。采购业务是企业经营的起点，在整个供应链中处于核心环节，在很大程度上决定了企业的生存和可持续发展。对于亟须通过采购业务打开局面的企业来说，采购业务是企业生存发展的根本。从这个意义上来说，采购业务与企业发展战略有着密切的关系。

从案例来看，采购业务对 CAO 意味着什么？

2. **采购计划**。采购业务从计划或预算开始，包括需求计划和采购计划。企业实务中，部门一般根据生产经营需要向采购部门提出物资需求计划。采购部门根据该需求计划归类汇总，平衡现有库存物资后，统筹安排采购计划，并按规定的权限和程序审批后执行。需求或采购计划不合理，对市场变化趋势预测不准确，会造成库存短缺或积压，可能导致企业生产停滞或资源浪费。采购计划不合理不但会导致企业经营问题，还会影响到企业的生存。

案例中的 CAO 的采购计划是否合理，存在哪些风险，如何应对？

3. **供应商分析**。供应商是供应环境因素的重要方面。供应商自身情况及所处行业环境因素，都是企业在进行采购业务选择时的重要考虑因素。选择供应商实际上是在确定采购渠道。这是企业采购业务流程中非常重要的环节。供应商选择不当可能导致采购物资质次价高，甚至出现舞弊行为。

案例中，CAO 在形式上不具备直接选择供应商的资格，只能通过国内有资信的企业代为联系，那么应该如何控制其中的风险？

4. 采购和运输方式。企业应当根据市场情况和采购计划合理选择采购方式。采购方式的选择，对企业降低成本也有重要影响。缺乏对采购计划履行情况的有效跟踪，运输方式选择不合理，忽视运输过程保险风险，可能导致采购物资损失或无法保证供应。

CAO 应该采取怎样的方式规避采购方式上的风险？

5. 采购业务的后评估。由于采购业务对企业生存与发展具有重要影响，企业内部控制相关制度规定，企业应当建立采购业务后评估制度：定期对物资需求计划、采购计划、采购渠道、采购价格、采购质量、采购成本、协调或合同签约与履行情况等物资采购供应活动进行专项评估和综合分析，及时发现采购业务薄弱环节，优化采购流程，不断促进物资采购与生产、销售等环节的有效衔接，不断防范采购风险，全面提高采购效能。

案例中，CAO 的采购业务是否具有类似的后评估制度？如何评价CAO 采购业务的效果？

7.1.3 问题应对思路与问题解决

1. 企业采购业务与发展战略的关系。从案例来看，采购业务对 CAO 意味着什么？

从解决思路上看，采购业务一般从计划或预算开始，统筹安排采购业务，是一个企业业务的起点。对于案例中的 CAO 来说，采购业务可能意义更为重大，需要结合案例进行具体分析。

　　从解决措施上看，对 CAO 来说，采购业务不但是落实企业发展战略的抓手，而且也是企业发展战略本身。1997 年陈久霖接管 CAO 后，将公司定位为以航油采购为主的贸易公司。由于缺乏启动资金，CAO 通过"过账"的方式打开业务发展局面，但是这种形式的采购业务不但面临一般意义上的采购计划、供应商选择、采购方式和运输方式等风险，而且一旦失利或风险过大出现问题，则会影响 CAO 的战略定位。所以，采购业务既是 CAO 企业经营的起点，也是发展战略调整或改变的决定因素。

　　2. 采购计划。案例中的 CAO 的采购计划是否合理，存在哪些风险，如何应对？

　　从解决思路上看，判断一个企业采购业务是否合理，主要是看需求部门是否根据生产经营需要向采购部门提出物资需求计划，采购部门是否根据该需求计划归类汇总平衡现有库存物资后，统筹安排采购计划，并按规定的权限和程序审批后执行。这里面的风险涉及需求计划、采购计划和审批管理等环节。

　　从解决措施上看，CAO 通过自身内外部环境的全面梳理，清醒认识到必须通过采购业务赢得企业战略转型的成功，因此制定了以"过账"为主的采购方式。帮助"过账"的企业有可能中断合作，导致物资采购不顺畅。外国供油商由于地缘政治国际石油市场波动等因素影响供给，可能导致 CAO 合法权益受到侵害。

　　3. 供应商分析。案例中，CAO 在形式上不具备直接选择供应商的资格，只能通过国内有资信的企业代为联系，那么应该如何控制其中的风险？

　　从解决思路上看，要查找 CAO 的相关资料信息，结合案例，针对其中的风险进行控制。

　　从解决措施上看，CAO 采取"过账"的形式进行采购，其中任何一个风险都随时会令 CAO 的业务中止。由于情况特殊，CAO 借用外国国企的身份，寻找国内外实力雄厚的公司过账，最大限度地减少风险。在此前提下，CAO 可以对外国航油供应商进行分析，决定是否有进口航油可以采购；对供应商资质信誉情况的真实性和合法性进行评估，确定符合条件的供应商名单，尽量拓宽企业供应商网络。在有条件的情况下，CAO 可以委托具有相应资质的中介机构对供应商进行资信调查，确保供应商的选择和确定是建立在科学评估之上。同时，CAO 还要对国内采购商的资信进行分析，争取在选择国内代办采购商时可签订质量保证协议，使进口航油的业务收入能顺利进到 CAO 的账上。

4. 采购和运输方式。CAO 应该采取怎样的方式规避采购方式上的风险？

从解决思路上看，要查找 CAO 的相关资料信息，结合案例，针对其中的风险进行相应的控制。

从解决措施上看，CAO 首先要依据采购合同中确定的主要条款跟踪合同履行情况，对有可能影响采购进度的异常情况，应及时提出解决方案，采取必要措施，保证需求物资的及时供应。其次，针对以往采购和运输过程中的问题，CAO 应实行公开招标、集中采购等方法，降低成本，确保进口航油的安全。

5. 采购业务的后评估。案例中，CAO 的采购业务是否具有类似的后评估制度？如何评价 CAO 的采购业务的效果？

从解决思路上看，要明确 CAO 所处的环境及实际情况与制定后评估制度的时代差异。如果没有或不好判断，可以通过企业的发展情况进行综合评估。

从解决对策上看，当时的 CAO 是否建立了采购业务的后评估制度，现在由于资料有限不能确定。不过从 CAO 逐渐获得 CNAF 更多的航油进口配额来看，CAO 的采购业务是得到肯定的。1997 年 CAO 获得所有的进口航油采购权，同时 CNAF 将 CAO 重新定位为以航油采购为主业的石油贸易公司，这意味着 CAO 的采购业务获得了成功。

7.1.4 知识延伸

1. 采购业务是不是战略？

采购业务可以成为战略，即采购战略，是企业发展战略的重要组成部分。

采购战略是一种有别于传统采购的管理方法，传统采购重在降低采购价格，而采购战略则更注重"最低总成本"。企业采购业务中应遵循总成本最低，而不是价格最低，除了价格以外，还有存货成本、物流成本、管理成本、法律成本和采购服务成本等额外的成本。

2. 采购业务的款项支付。

采购业务是企业"实物流"的重要组成部分，又与"资金流"密切相关。企业购买商业或劳务之后就要进行款项的支付，可以说采购业务是企业支付货币取得物资的过程。从案例中看，CAO 在缺少资金的情况下，采用"过账"启动了进口航油采购业务。这实际是采取了赊销的方式，利用的是 CAO 作为央企外国子公司的信誉。CAO 的情况特殊，一般来说，如果赊购频繁发生，且数量较大，会增加企业的负债总额，从而对企业偿债能力产生一定影响，对企业的资信也会提出更高要求。因此，赊购要保持在合理限度，不可滥用。

3. 采购业务需不需要承担风险？

CAO 通过航油采购业务获得 CNAF 的航油采购和运输权，完成了原始积累，看似顺理成章，但一般采购业务实际会面临诸多风险。从采购计划，到请购审批，到采购行为、采购方式、供应商选择以及验收、付款，各环节都存在着风险。单就 CAO 而言，如果在外国航油供应商同意供油的情况下，"过账"的国内大企业违约或延期交易，会对 CAO 的业务和资信以及后续的发展带来不可估量的影响和损失。因此，采购业务作为企业生产经营的起点也是核心环节，其中风险不可不重视。

7.2 齐二药：关乎生死的采购业务

本案例围绕企业采购业务的购买和付款中的主要风险展开。健全的采购业务内部控制可以满足生产经营需要，规范采购行为，防范采购风险。

7.2.1 案例导读

齐齐哈尔第二制药有限公司（以下简称"齐二药"）1968 年建厂，是黑龙江省较大的水针剂生产企业。1998 年 9 月，齐齐哈尔市原医药局所属的包括齐二药等 17 家医药企业，统一划归黑龙集团管理，当年 11 月，黑龙集团以部分资产上市。2004 年 4 月，北京东盛源投资有限公司入股齐二药，与黑龙集团共同成为其主要股东。2005 年 9 月，黑龙集团将齐二药以 1 472 万元转给北京东盛源投资公司，后者承担所有债务。同时，北京东盛源投资有限公司引入另一股东——鸿泰投资公司，后者 280 万元受让齐二药 25% 股份。

齐二药采购员钮忠仁为图便宜，未向供应商王桂平声称的泰兴化工总厂索取资质证明，也没有到该厂查看，购入了上吨假冒丙二醇。原料进厂后，齐二药验收人员未按法律规定的自检程序进行检查。作为通过药品质量规范认证的企业，齐二药要有足够的资质合格的技术人员，并进行相应的培训后才能进行制药，但实际上陈桂芬等人既未受过专业培训，也未进行过岗前培训。

2006 年，广东省实行新一轮药品集中招标采购，在投标过程中，齐二药生产的"亮菌甲素注射液"因投标价格最低，最终中标。广州中山三院和广东龙川县中医院使用此假药后，64 人中毒，至少导致 14 名患者死亡。

齐二药造假事件被公布后，其法人代表、厂长、副厂长、采购员、化验员、技术厂长、化验室主任在内的相关责任人接受调查。2008 年 5 月，广州市中级人民法院一审以重大责任事故罪分别判处齐二药副总经理朱传华、化验室主任陈桂芬、药品采购员钮忠仁、副总经理郭兴平、总经理尹家德 4 年至 7 年不等有期徒刑。江苏省泰州市中级人民法院一审判决供应商王桂平无期徒刑，剥夺政治权利终身，并处罚金 40 万元，对违法所得人民币近 30 万元予以没收。一审宣判后，被告人王桂平提出上诉。江苏省高级人民法院对王桂平进行终审宣判，驳回上诉，维持一审判决。

7.2.2 问题聚焦

从案例中看，齐二药的采购业务是否与企业的发展战略相符？

1. 总体要求。为了建立采购业务的控制体系，企业应按照职责分离，明确任务，建立规章制度、培训、奖惩制度等要求建立一个总体的内部控制体系，全面、完整地对采购活动进行控制。

从案例中看，类似齐二药的企业如何构建采购业务的内部控制？

2. 供应商选择不当。企业应建立科学的供应商评估和准入制度，对供应商资质信誉情况的真实性和合法性进行审查，确定合格的供应商清单。采购计划安排不合理，市场变化趋势预测不准确，会造成库存短缺或积压，导致企业生产停滞或资源浪费，甚至影响企业的生存发展。

从案例中看，齐二药选择采购供应商时存在的问题是什么？

3. 采购价格。价格对市场的反应较为灵敏。从小的方面讲，一个地区的外部形势变化会影响价格；从大的方面讲，一个国家或地区的经济、社会、政治、环境、金融政策的变化，也会深刻、广泛地影响当地及世界其他国家或地区商品的价格。这些因素相互交织，可能导致市场上的商品价格出现重大波动。企业要对价格的变化具有敏感性，如果企业对采购价格风险管理不当，将引起采购成本上升，利润下滑。

从案例中看，齐二药是否考虑了价格因素，这种对价格便宜的追求存在什么问题？

4. 采购验收不规范。企业应制定明确的采购验收标准，规定物资应出具质量报告后方可入库。对于验收过程中发现的异常情况，验收机构或人员应当立即向企业有权管理的相关机构报告，相关机构应当查明原因并及时处理。

针对案例中的齐二药的采购验收存在的问题，具体的应对措施是什么？

5. 采购人员基本素质和职业道德培训。企业应建立培训和考核机制，加强对员工职业技能的培训，使采购人员具备相应的专业素质，熟悉合同法规、商品特性、市场价格行情及交易规则等。

案例中，相关人员的问题主要体现在哪些方面，如何进行针对性的培训？

7.2.3 问题应对思路与问题解决

1. 企业采购业务与发展战略的关系。从案例中看，齐二药的采购业务是否与企业的发展战略相符？

从解决思路上看，判断这个问题，可以先抛开采购战略不谈，只需要在了解齐二药基本情况的基础上，观察其采购业务对企业发展是否有促进作用，如果没有作用甚至有负作用，显然就与发展战略不符。

从解决对策上看，材料采购是企业经营的一个核心环节，与生产和销售计划联系密切，直接导致货币资金的流出和对外负债的增加。而且采购业务发生频繁、工作量大、运行环节较多，容易产生漏洞，齐二药即典型案例。

从案例中看，包括总经理尹家德等在内的多名高管被判刑，严重影响企业的正常运转。同时，齐二药作为一家经改制而成的企业，在改制后，企业管理方向发生变化，从国有企业以经济和社会责任并重转为更加以盈利能力为导向。为了降低制造成本、减少工人工资，齐二药大规模裁员，并大量聘请无专业技能和资质的临时工，导致企业在采购、验收、药品质检等环节存在严重漏洞。而齐二药案例造成的严重后果，迫使企业重视战略导向下的企业治理，建立符合企业内部控制规范的流程和机制，并进行持续有效的动态监督。

2. 总体要求。从案例中看，类似齐二药的企业如何构建采购业务的内部控制？

从解决思路上看，首先要了解案例中的采购业务的基本情况，同时结合内部控制对采购业务的相关规定要求进行分析判断。

从解决对策上看，钮忠仁作为齐二药的物料采购员，不具备企业规定的采购员应具备的相关资质，不知道如何防范和控制采购风险，更不会对供应环境进行专业和分析。齐二药当时没有内部管控的机制，也没有相应的监督机制。通过法院的判决可知，这是一起重大责任事故，齐二药的相关责任人存在过失，但没有放任危害后果发生的主观故意。

《企业内部控制应用指引第 7 号——采购业务》要求，企业应当结合实际情况，全面梳理采购业务流程，完善采购业务相关管理制度，统筹安排采购计划，明确请购、审批、购买、验收、付款、采购后评估等环节的职责和审批权限，按照规定的审批权限和程序办理采购业务，建立价格监督机制，定期检查和评价采购过程中的薄弱环节，采取有效控制措施，确保物资采购满足企业生产经营需要。

这项规定发布在 2010 年，而"齐二药"事件发生在 2005 年。当然，这不意味着内部控制的要求完全与齐二药无关，毕竟做好质量管理对于企业而言，在任何时候都需要。采购业务，尤其是关乎生命的采购行为要特别慎重。

因此，为了提高采购效益，规避采购风险，企业必须加强对采购流程全过程的管理和监督，加强采购的内部控制，规范采购行为，防范采购过程中的差错和舞弊，保证单位采购在满足生产的前提下最大限度地降低采购成本，提高资金的使用效率，进而提高企业的盈利能力。

同时，企业还要定期对物资需求计划、采购计划、采购渠道、采购价格、采购质量、采购成本、合同签约与履行等物资采购活动进行专项评估和综合分析，及时发现采购业务的薄弱环节，优化采购流程，并将物资需求计划管理、供应商管理、储备管理等方面的关键招标纳入业绩考核体系，促进物资采购与生产、销售等环节的有效衔接，防范采购风险，全面提升采购效能。

3. 供应商选择不当。从案例中看，齐二药选择采购供应商时存在的问题是什么？

从解决思路上看，供应商选择一般来说是确定采购渠道，这是企业采购业务流程中非常重要的环节。该环节的主要风险是供应商选择不当，可能导致采购物资质次价高，甚至出现舞弊行为。针对齐二药的问题，要了解具体情况，同时结合内部控制对采购业务的相关规定要求进行分析判断。

从解决对策上看，在选择供应商的问题上，齐二药采购员钮忠仁在采购过程中认识了江苏省泰兴市供应商王桂平。按照国家有关规定，要将丙二醇作为药用辅料卖进制药厂，经销商必须向药厂提供营业执照、药品注册证、药品生产许可证以及产品检验单等相关的资质证明。2005 年 1 月，供应商王桂平以中国地质矿业总公司泰兴化工总厂的名义，伪造药品生产许可证等证件，将 1 吨工业用的丙二醇冒充药用丙二醇销售给齐二药。工业用的丙二醇比药用的丙二醇在价格上每吨要便宜一两千元。在采购验收时，齐二药化验室主任陈桂芬等人发现相对密度超标，遂将结果报告副总经理朱传华，但朱传华认为只是纯度问题，要求检验人员出具检验合格报告书，导致工业用丙二醇投入生产。2005 年 9 月，钮忠仁再次向王桂平购买 1 吨药用丙二醇，王桂平则将 1 吨丙二醇出售给齐二药。在验收时，同样发现丙二醇存在相对密度超标问题，陈桂芬再次向朱传华汇报，朱传华仍授意陈桂芬出具检验合格报告书。上述做法不但违反现代内部控制的相关制度，也不符合当时的国家有关规定。

4. **采购价格**。从案例中看，齐二药是否考虑了价格因素，这种对价格便宜的追求存在什么问题？

从解决思路上看，一般采购应当选择性价比最优的价格。当然，采购战略另当别论。案例中，齐二药未充分意识到药品生产的特殊性，违反药品生产质量管理规范，工作中严重失职。这种对价格便宜的追求是有问题的。

从解决对策上看，对于齐二药来说，如此大宗的丙二醇应当属于企业的重大采购，按照内部控制的相关要求，企业对于金额重大、重要性高、技术性强、影响范围广的经济业务与事项，应当实行集体决策审批或者联签制度，任何个人不得单独进行决策或者擅自改变集体决策意见。从案情细节来看，齐二药案反映出最直接的问题主要是采购流程上的严重失控。

5. **采购验收不规范**。针对案例中的齐二药的采购验收存在的问题，具体的应对措施是什么？

从解决思路上看，一般验收是指企业对采购物资和劳务的检验接收，以确保其符合合同相关规定或产品质量要求。其中存在的主要问题和风险是验收标准不明确、验收程序不规范、对验收中存在的异常情况不做处理，可能造成账实不符、采购物资损失。要在了解具体情况的基础上，结合内部控制对采购业务的相关规定要求进行分析判断。

从解决对策上看，在采购流程中，关键的内部控制点包括五个方面：请购与审批控制；供应商管理控制；实施采购控制；验收、入库及领用控制和付款管理控制。参考内部控制的相关规定，在验收环节，企业应当建立严格的采购验收制度，确定检验方式，由专门的验收机构或验收人员对采购项目的品种、规格、数量、质量等相关内容进行验收，出具验收证明。涉及大宗和新、特物资采购的，还应进行专业测试。

6. 采购人员基本素质和职业道德培训。案例中，相关人员的问题主要体现在哪些方面，如何进行针对性的培训？

从解决思路上看，要在了解齐二药事件具体情况的基础上，结合内部控制对采购人员的相关规定要求进行分析判断。

从解决对策上看，钮忠仁作为齐二药的物料采购员，不具备企业规定的采购员应具备相关的资质，在采购过程中违规操作，也未向泰兴化工总厂索取资质证明和到厂查看药品。郭兴平作为齐二药主管采购、仓储的副总经理，在钮忠仁不具备采购员资质的情况下，仍安排其负责采购工作。同时，对供应商王桂平等未进行核验就批准采购计划，致使工业用丙二醇顺利入库。朱传华作为主管生产、质量的副总经理，在明知假冒药用丙二醇不合格的情况下，仍多次授意检验人员出具虚假的检验合格报告书，致使丙二醇投入生产。陈桂芬作为检验室主任，明知工业用丙二醇不合格，仍按领导意图出具虚假报告，致使丙二醇投入生产。原料的验收和品质控制应该是企业的生命线，是企业最需要控制的风险，应该层层把关、步步设防，但齐二药却没做到，以致酿成惨案。

对采购人员的培训，首先要在强化采购人员的职业道德和职业操守的同时，培养其对生命的敬畏意识，从灵魂深处改变采购人员的生命观和职业意识；其次，通过生死的换位思考，培养采购人员的责任感；最后，通过法制警示语，不断强化采购人员的敬业精神，坚决抵制采购"回扣"诱惑。企业的培训目标是培养出具有基本品德、业务能力和采购管理能力的精英团队。

7.2.4 知识延伸

1. 企业改制。

企业改制亦称"企业改组"，一般指国有企业、集体企业和乡镇企业依照《公司法》及其他法律法规的规定，从传统的组织制度改组为符合现代企业制度要求的公司制的过程。

广义的企业改制也包括其他性质企业的改制，比如集体企业的改制、股份合作制企业的改制、中外合作企业的改制等，甚至很多类型的非企业单位，比如事业单位改制，也被称为企业改制。企业改制的目标包括有限责任公司和股份有限公司，特别是随着企业上市的需求增大，很多企业将上市股份有限公司作为自己的改制目标。

国有企业改制为民营企业，有利于提高资产效能和生产效益。但由于国有企业改制是一项系统性强、牵涉面广的改革，要注意改制背后隐藏的风险。有关部门尤其要加强对改制企业的监管，同时，在改制过程中及之后，要加强对原有职工权益的保护。

有人认为，齐二药事件是所有权混乱不清下的"改制"导致的恶性事故。2005 年，在齐二药私有化"改制"前，是一家在行业内有着良好声誉的企业，2002 年完成 GMP（Good Manufacturing Practice，药品生产质量管理规范）认证，多年来一直受到各医院和药品公司的信任，年产值 1 亿元，利税一千万元，是当地最大的纳税大户之一。改制成私有化后，齐二药主要管理层均来自改制后的实际经营者的家族，加重了工人的下岗失业问题，在某种程度上导致了齐二药产品质量的失控。

2. 齐二药事件中民事责任与刑事责任的法律思考。

广州市天河区人民法院于 2008 年 6 月 26 日对 11 名齐二药事件受害人或家属起诉医院、药厂、药品经销商系列案件作出一审宣判，判定齐齐哈尔第二制药有限公司承担最终赔偿责任，中山大学附属第三医院等其余三方被告承担连带责任，共需赔偿原告 350 多万元。判决宣布后，引起很大反响，特别是医院系统对在不知情下使用假药并主动上报不良反应阻止事态蔓延的医院要承担赔偿责任，表示强烈的不理解。12 月 10 日，广州市中级人民法院作出了终审判决，维持原判。

2007 年 8 月 8 日，广州中院公开开庭审理此案的刑事部分。2008 年 4 月，以重大责任事故罪分别判处齐二药副总经理朱传华、化验室主任陈桂芬、药品采购员钮忠仁、副总经理郭兴平、总经理尹家德 4 年至 7 年不等有期徒刑。

2008 年 5 月 23 日，江苏省泰州市中级人民法院一审判决，认定王桂平犯危害公共安全、销售伪劣产品、虚报注册资本三宗罪，三罪并罚，决定判处王桂平无期徒刑，剥夺政治权利终身，并处罚金 40 万元，对被告人王桂平违法所得人民币近 30 万元予以没收。一审宣判后，被告人王桂平以其行为不构成以危险方法危害公共安全罪、一审量刑过重等为由提出上诉。2010 年 11 月 14 日，江苏省高级人民法院终审裁定驳回王桂平上诉，维持一审判决。

这里涉及民事责任和刑事责任的区分。民事责任是法律责任中的一种，指民事活动中的主体，因实施了民事违法行为，根据民法所应承担的对其不利的民事法律后果或者基于法律特别规定而应承担的民事法律责任。刑事责任是违反刑事法律规范应当承担的法律责任，有主刑和附加刑两大类。主刑有管制、拘役、有期徒刑、无期徒刑、死刑，附加刑有罚金、剥夺政治权利、没收财产等。刑法对此有详尽的规定。民事责任主要是一种财产责任，而刑事责任主要是剥夺人身自由，甚至生命。

由于刑事责任重在惩罚，因此故意和过失对于刑事责任的影响非常大。而民事责任主要是补偿性的，相较于刑事责任要轻得多，主要看它给他人带来的损害有多大。若造成的损害非常大，就要承担巨大的民事责任。

从法律的角度看，齐二药的行为人存在过失，但是这种过失是一种混合的共同过失，即有些行为人是出于疏忽大意，有些是业务过失，有些则是监督过失。之所以不能认定案例构成生产、销售假药罪，是因为没有证据表明行为人没有放任危害后果发生的主观故意，依照现代法律疑罪从无的理念与原则，只能认定该案中行为人的罪过形式属于过失。尽管造成 10 余人死亡，但刑事判决中最重的只能是无期徒刑，因为这些责任人都不属于故意杀人。

从该案法律属性的确定来看，因产品质量不合格而产生的责任称为产品质量责任。因产品质量责任不合格给用户造成损失的，由产品的生产者和经销者承担民事责任。产品质量侵权责任与一般侵权责任有着重要区别，关键区别在于侵权人主观方面要件的不同。产品质量侵权责任一般实行无过错责任原则，而一般侵权责任则采取过错责任原则，后者是严重危害社会的犯罪行为。不论是民事责任还是刑事责任，其侵害的对象均是不特定的对象，因此都是一种典型的危害公共安全的行为。

3. 食品药品监管渎职罪。

近年来，我国食品药品安全事故的频发，虽然与食品生产销售者的违法行为息息相关，也暴露出药品监管工作中存在的一些不足。监管的不到位，为食品药品的违法行为提供了生存的土壤。《刑法修正案（十一）》进一步细化了食品药品渎职犯罪情形，增强操作性和适用性。

比如，将食品药品渎职的犯罪主体从之前的"负有食品安全监督管理职责的国家机关工作人员"扩大到"负有食品药品安全监督管理职责的国家机关工作人员"。至此，对药品安全监督管理承担监管责任的国家机关工作人员，也可能成为该犯罪行为的主体。

《刑法修正案（十一）》对具体的犯罪行为进行了列举，并用兜底的方式，实现对"食品药品安全监管"的全方位保护。比如，食品安全事故、药品安全事件中，犯罪主体一般具体的犯罪行为是出现应急事件时谎报、瞒报。食品安全事故和药品安全事件可能涉及的犯罪主体主要任职于卫生行政部门、市场监管局、药品不良反应监测机构、药品监督管理部门以及农业行政部门。

对新增的"其他严重情节"和"其他特别严重情节"，主要从"对人体健康造成严重危害"以及从中毒伤亡人数、食品药品安全事故影响所及范围和谎报、瞒报事故情况导致损失的后果来界定食品药品监管渎职罪中其他（特别）严重情节。此外，国务院发布的《国家重大食品安全事故应急预案》中对食品安全事故进行了分级处理，即特别重大食品安全事故、重大食品安全事故、较大食品安全事故和一般食品安全事故，由卫生行政部门会同有关部门依照有关规定对事故等级进行评估核定。该评估核定也可借鉴。

7.3 复盘与思考

本章选取的采购活动十分重要，在很大程度上决定了企业的生存与可持续发展。采购流程虽不复杂，却隐藏着巨大的风险。对 CAO 来说，由于其身处外国，是二次创业，能通过采购业务获得足够多的进口配额，不但是企业生产经营的起点，而且是 CAO 继续生存发展的关键。虽然在体制内的企业拿到进口航油采购的垄断权相对一般企业容易，但同样需要胆识和谋划，事在人为，这一点对任何创业者都适用。

　　由于是药品，齐二药的案例中呈现的采购业务重要性更加直观，这不但决定企业存亡，还决定着后续环节，特别是消费端的个体生命。齐二药事件在某种程度上，也许可以说是企业改制后所有权混乱不清导致的结果。但采购业务等相关责任人对于自身所处位置和职责的忽视，对药品背后"人命关天"的无视，和改制一点关系都没有。尽管在法律上可以惩处这些人，但每一个消逝的生命带给每个家庭和整个社会的伤痛难以轻易抹去。

第 8 章 | 资产管理

　　本章的主题是理解企业内部控制中的资产管理，了解并关注资产管理中存货、固定资产和无形资产的风险问题。资产是企业拥有或控制的能够用货币计量，并能够给企业带来经济利益的经济资源，包括金融资产、存货、固定资产和无形资产等。资产是企业生存发展的物质基础，其管理贯穿于企业整个过程之中，是企业内部控制目标之一。站在企业全面风险管理的高度认真对待资产管理，有助于实现企业稳健经营。

　　通过阅读本章内容，读者将对企业资产管理中的风险问题有一个整体认识，初步了解应对企业资产管理风险的相关方法，学习如何加强企业资产管理方面的风险管理，确保企业资产安全，提高资产效能，确保企业生产经营顺利，实现既定发展战略。

8.1 中航油（新加坡）公司：确保资产增值

本案例主要围绕企业资产管理中的风险展开，对加强金融资产管理、保障企业资产安全、促进企业实现发展战略具有重要意义。

8.1.1 案例导读

陈久霖接手 CAO 后，扭转经营困难的局面，将公司净资产从 1997 年的 21.9 万美元迅速扩展到 2003 年 1.16 亿美元。中航油事件前，CAO 净资产为 1.45 亿美元，实现国有资产大幅增值。但中航油事件造成 5.54 亿美元巨额亏损，CAO 因严重资不抵债，被迫向新加坡高等法院申请破产保护。随后在更高层次国有资产管理者代表的介入下，CAO 成立治理评估委员会，最终确定战略重组，开始第三次的战略转型。

表 8.1　CAO 重组前后的资产情况

单位：新元

项目	重组前（2005 年）	重组后（2006 年）
负债总额	10.01 亿	2.43 亿
净有形资产	−6.59 亿	1.71 亿
每股净有形资产	−0.681	0.236

CAO 重组前后的资产情况如表 8.1 所示，在重组过程中，针对原股权结构中 CNAF 一股独大等问题，CAO 通过引入 BP 亚洲投资公司等方式解决，初步实现股东会、董事会和管理层三者分立，监督、决策、执

行权分离，形成了权力有效制衡。特别是针对风险管控体系执行弱等问题，CAO 强化了各位董事和相关管理人员的风险意识。

2006 年恢复上市后，CAO 盈利能力开始增强，资产运营效率有所提高，总体负债水平稳中有降。到年底，资产总额为 7.27 亿新元，公司负债率为 76%，净资产为 1.057 亿美元，持有的现金和现金等价物共计约 1.37 亿新元，同 2005 年相比增长了大约两倍。2007 年，公司净资产达 2.686 亿美元，比 2006 年的 1.057 亿美元增加 154%。每股净资产值比 2006 年增加一倍多，每股达 0.3716 美元。

在套期保值恢复的过程中，CAO 结合实货进行优化，抓住贸易机会，使净资产从重组前的亏损到重组后的稳步上涨，实现了国有资产的保值增值。截至 2008 年 12 月 31 日，其净资产为 2.76 亿美元，现金储备为 1.53 亿美元。每股净资产值从 2007 年的 0.3716 美元增长到 2008 年的 0.3814 美元。

8.1.2 问题聚焦

1. **资产**。资产是会计最基本的要素之一，与负债、所有者权益共同构成会计等式，是财务会计的基础。作为企业重要的经济资源，资产是企业从事生产经营活动并实现发展战略的物质基础。

从案例中看，CAO 资产管理特别是金融资产管理的基本情况是什么？

2. **资产管理与发展战略的关系**。资产是企业生产经营活动的物质基础，资产管理贯穿企业生产经营全过程。资产损失、被非法占用和使用效能低下都会影响企业经营。

案例中 CAO 的资产管理是否与企业发展战略相关？

3. **梳理资产管理流程**。企业应当按照相关的资产管理制度，全面梳理资产管理流程，以保障资产安全，提升资产管理效能。2020 年国资委印发的《关于切实加强金融衍生业务管理有关事项的通知》进一步明确了集团董事会、集团管理层及集团职能部门、操作主体的职责，建立健全三级管控体系，严格业务管控。

CAO 在资产管理中，如何加强各项资产管控，全面梳理资产管理流程？

4. 查找资产管理薄弱环节。查找资产管理薄弱环节是企业强化资产管理的关键步骤，如果不重视，通常会引发资产流失或运行风险，甚至影响企业的生存。2020 年国资委印发的《关于切实加强金融衍生业务管理有关事项的通知》指出部分企业存在集团管控不到位、业务审批不严格、操作程序不规范、激励趋向投机以及业务报告不及时、不准确、不全面等问题。这些也是资产管理的薄弱之处，需要企业认真对待，全面查找资产管理漏洞，确保资产管理不存在安全隐患。

从案例中看，CAO 是否查找了资产管理薄弱环节？

5. 资产管控措施。在全面梳理资产管理流程、查找管理薄弱环节后，企业的工作重点是查找原因，健全和落实相关措施。企业应当按照国家有关内部控制的要求，结合所在行业和企业的实际情况，针对不同的问题，建立健全各项资产管理措施，特别注意不能为了应付检查而建设，要不断提高企业管理水平，积极防范资产风险，促进企业稳步发展。

从案例中看，CAO 是否进行了有效的资产管控措施？

8.1.3 问题应对思路与问题解决

1. 资产。从案例中看，CAO 资产管理特别是金融资产管理的基本情况是什么？

从解决思路上看，金融资产通常是实物资产的对称，指单位或个人所拥有的以价值形态存在的资产，是一切可以在有组织的金融市场上进行交易、具有现实价格和未来估价的金融工具的总称，包括库存现金、银行存款、应收账款、应收票据、其他应收款项、股权投资、债权投资和金融衍生工具形成的资产等。一切提供到金融市场上的金融工具都是金融资产。金融资产的最大特征是能够在市场交易中为其所有者提供即期或远期的货币收入流量。要在了解基本概念的前提下，根据 CAO 年报等资料分析相关信息。

从解决对策上看，中航油事件后，CAO 严重资不抵债，重组时将从治理结构和风险管理着手，指向的却是防止金融资产的再次亏损。2020年新冠疫情后，全球航油业务和油品贸易增长受阻，但 CAO 仍保持战略定力，降本增效，在获得回报的同时，也实现了有效的资产管理。

2. 资产管理与发展战略的关系。案例中 CAO 的资产管理是否与企业发展战略相关？

从解决思路上看，要在了解 CAO 资产管理的情况下，比照发展战略进行综合判断。

从解决措施上看，资产安全是 2008 年 5 月财政部等五部委联合发布的《企业内部控制基本规范》中明确提出的内部控制五个目标之一，这说明资产管理是企业内部控制的核心领域。在企业早期的资产管理实践中，如何保障货币性资产的安全是内部控制的重点。在现代企业制度下，资产业务内部控制已从如何防范资金挪用、非法占用和防止实物资产被盗拓展到重点关注资产效能。随着经济的发展和人们收入的增加，经济主体金融资产持有的比重会逐步提高。同时，为了既获得较高收益又尽量避免风险，人们对金融资产的选择和对各种金融资产的组合也越来越重视。因此，资产管理与企业发展密切相关。

从案例中看，CAO 在早期两次战略转型中，重新定位了公司发展方向和主营业务，这是国有资产大幅增值的前提条件。在重组后，CAO 坚持战略重点，在国内外同时发力，稳步推进，扩大了运营和贸易范围，确保了资产安全。

3. 梳理资产管理流程。CAO 在资产管理中，如何加强各项资产管控，全面梳理资产管理流程？

从解决思路上看，按照国家关于资产管理的相关规定，在梳理过程中，要站在企业全面风险管理的高度上认真对待，既要注意从大类上区分实物资产和金融资产，又要对金融资产进行细化和梳理，特别要关注金融衍生工具形成的资产等。金融衍生业务指以货币或利率为标的的资产，包括远期合约、期货合约、期权合约、掉期合约等。金融衍生业务可有效对冲现货价格波动风险，促进企业平稳运行。但金融衍生业务如管控不当，易发生损失风险。

从解决措施上看，中航油事件后，CAO 资不抵债，临时成立的管理评估委员会的重要职责之一就是盘点 CAO 资产整体情况，针对以往治理结构和风险管理进行有计划整改，为下一步公布赔付率及实施债务重组奠定基础。重组后，CAO 加强资产管理，全面梳理资产管理流程。特别是为了恢复套期保值，董事会和管理层做了大量工作，投资建立起风险管理信息软件系统，强化规章制度的执行力，强调只有在良好风险管理体制和流程到位的基础上，才考虑恢复相关业务。2008 年，在风险管理体制和流程到位的基础上，CAO 开始了航油套期保值和贸易活动，与多个对家签署了国际掉期与衍生工具协会协议，增强了场外交易市场（OTC市场）的交易能力。

4. 查找资产管理薄弱环节。从案例中看，CAO 是否查找了资产管理薄弱环节？

从解决思路上看，要根据案例的具体情况对 CAO 在资产管理方面的问题进行判断。

从解决对策上看，中航油事件后，CAO 成立管理评估委员会的重要职责之一就是在全面盘点资产整体情况下，找到以往资产管理薄弱环节。比如，原股权结构中 CNAF 一股独大，原董事会中方特别是 CNAF 高管占据主导地位。CAO 还存在独立董事被边缘化、总裁决策和执行合一导致市场规则和内部制度失效、风险管控体系执行弱等问题。

5. 资产管控措施。 从案例中看，CAO 是否进行了有效的资产管控措施？

从解决思路上看，要根据国家相关制度规定，结合 CAO 实际情况，制定相应的管控措施。按照国家规定，集团应当制定金融衍生业务管理制度，明确相关部门职责、业务审批程序、风险管理要求，应当于每季度末随财务快报一并报送金融衍生业务报表。资产负债率高于国资委管控线、连续 3 年经营亏损且资金紧张的子企业，不得开展金融衍生业务。严禁企业负责人直接操盘。监管部门在通知中强调压实各类主体的责任，特别是从事金融衍生业务的子企业的主体责任，增加了套期保值交易总量规模和时点规模的"双管控"要求，细化了风险管控的动态跟踪要求。监管部门进一步强调套期保值的实质和原则，即以降低实货风险敞口为目的，禁止投机交易，严防超规模交易以及片面追求金融衍生业务单边盈利导致投机行为。

从解决措施上看，CAO 在中航油事件中呈现的问题主要体现在治理结构和风险管理方面。因此，企业要针对这些问题进行相应管控，确保资产管理落到实处。

首先，针对原股权结构中 CNAF 一股独大等问题，CAO 重组后引入战略投资者持股，并且在股东批准通过后方可实施重组方案。针对原董事会中方特别是 CNAF 高管占据主导地位，独立董事被边缘化等问题，其聘请新加坡籍独立董事担任董事长，新任董事中至少 1/3 是独立董事。针对原总裁决策和执行合一导致市场规则和内部制度失效等问题，其设立高级办公会议代行 CEO 职能。特别工作组负责落实高级办公会议的决策和要求。从而初步实现股东会、董事会和管理层三者分立，监督、决策、执行权分离，形成了权力有效制衡。针对风险管控体系执行弱等问题，

CAO 建立举报等制度，引入 BP 亚洲投资有限公司等国际大型石油公司的培训机制，强化各董事和相关管理人员的风险意识。没有董事会的批准，管理层不能采取任何行动。CAO 以此确保在良好风险管理体制和流程到位的基础上考虑恢复开展原有业务。

8.1.4 知识延伸

1. 资产管理属于内部控制的关键岗位吗？

五部委联合发布的《企业内部控制基本规范》指出，资产安全是和合理保证企业经营管理合法合规、财务报告及相关信息真实完整、提高经营效率和效果、促进企业实现发展战略并称的内部控制五个重点目标之一。资产管理也是企业识别内部风险的五个重要因素之一。

财政部发布的《行政事业单位内部控制规范（试行）》指出，资产管理情况是单位在进行经济活动业务层面的风险评估时，应当重点关注的方面。资产管理也是内部控制七个关键岗位之一。

关键岗位责任的履行对内部流程的最终结果有很大的影响，对其他工作单元甚至相关流程也会产生影响。按照规定，内部控制关键岗位工作人员应当具备与其工作岗位相适应的资格和能力。单位应当加强内部控制关键岗位工作人员业务培训和职业道德教育，不断提升其业务水平和综合素质。

针对资产控制，《行政事业单位内部控制规范（试行）》规定，单位应当对资产实行分类管理，建立健全资产内部管理制度。单位应当合理设置岗位，明确相关岗位的职责权限，确保资产安全和有效使用。同时，单位应当建立健全货币资金管理岗位责任制，加强对银行账户的管理、对货币资金的核查控制、对实物资产和无形资产的管理、对对外投资的管理。这些规定不仅适用于行政事业单位，对企业也有借鉴意义。

有人认为关键岗位无强制轮换或带薪休假制度是内部控制常见的八大漏洞之一。对企业来说，对资产管理等关键岗位，强制轮换或者带薪休假，既可以提升员工的工作能力，也可以防范和发现舞弊。

2. 资产管理能否借鉴国家"放管服"改革？

"放管服"是简政放权、放管结合、优化服务的简称。"放"即简政放权，降低准入门槛。"管"即创新监管，促进公平竞争。"服"即高效服务，营造便利环境。这个主要是指行政部门管理权的改革，但对企业资产管理改革同样具有指导和借鉴意义。

从国有资产管理（准确地说是资产监管）来看，2017 年 5 月，《国务院办公厅关于转发国务院国资委以管资本为主推进职能转变方案的通知》中明确，在国家层面推进国有资产实现形式的资本化。从管企业迈向管资本，关键一步是国资监管部门"放权"。国资委已明确精简 43 项国资监管事项。其中，取消 26 项，如不再直接规范上市公司国有股东行为，取消中央企业年金方案、中央企业子企业分红权激励方案等事项审批，由企业依法自主决策；下放 9 项，延伸到中央企业子企业的管理事项原则上归位于企业集团，中央企业子企业股权激励方案等审批权限交给企业集团；授权 8 项，包括经理层成员的选聘、业绩考核和薪酬管理及职工工资总额审批等事项。2017 年，财政部先后印发《关于进一步规范中央文化企业国有资产交易管理的通知》和《关于中央文化企业国有资产评估管理的补充通知》，推进中央文化企业国有资产监督管理"放管服"改革落地生效。

2021 年 7 月，国务院办公厅发布《全国深化"放管服"改革着力培育和激发市场主体活力电视电话会议重点任务分工方案》，提出直面市场主体需求，创新实施宏观政策和深化"放管服"改革，打造市场化、法治化、国际化营商环境。文件要求督促指导银行机构按照市场化原则与企业自主协商延期还本付息，加大普惠小微企业信用贷款发放力度，监测延期贷款到期偿还情况，加强风险防范。文件指出增加保障性租赁住房和共有产权住房供给，规范发展长租房市场，降低租赁住房税费负担，尽最大努力帮助新市民、青年人等缓解住房困难等。

从国有企业内部看，各国有企业也在逐级放权，集团层面不断对子公司实行"分类授权"。国有资本投资公司试点企业在管控模式上，逐渐趋向于"小总部、大产业"，使资本运营和资产经营分离开来。对企业来说，如果资产管理过于烦琐，审批和监管十分复杂，会限制资产的投入和使用，不利于企业生产运营的进一步发展，阻碍企业管理目标的实现。因此，将"放管服"贯穿于资产管理工作中，构建既符合科学规律，又体现监管要求的制度，可以更好促进创新工作。

3. 资产管理能否引入监测评价的管理方法？

监测评价体系作为一种有效面对复杂形势的管理手段，广泛应用于世界银行等国际金融组织、发达国家和发展中国家的项目、行业及国家级的监测评价工作中。其在改善计划决策、执行力以及效果影响等方面具有明显作用。比如，联合国粮农组织（Food and Agriculture Organization of the United Nations，FAO）运用监测评价体系可以有效执行分散在世界各地的援助项目，实现最佳的目标效果。美国、加拿大等国家的监测评价体系在政府制定预算、计划和项目决策、调整方案、总结经验等过程中发挥着重要的作用。

20 世纪 80 年代，在有关国际金融组织的帮助下，我国初步建立了监测评价机制，在国际合作项目中我国基本都能正确运用监测评价体系。中央决策层也比较重视，通过不断实践和摸索，已初步形成了项目后评价程序和方法，监测评价功能得到一定程度的发挥。其在国家特大型、跨地区跨行业以及与国家产业政策密切相关的项目等领域已经取得了较明显的效果。

一般认为监测即连续不断地评价，是日常管理工作的一部分，具有时效性；而评价具有阶段性，是对一段时期内的项目活动情况及其效果和影响的评估，通常需要包括一些项目之外资料的比较。从企业管理的角度来理解，监测相当于内部控制，是企业的内部管理手段；评价有类似外部监管的功能，强调的是外部作用。监测和评价组成监测评价体系时，相当于内控＋监管；当评价作为内部的管理手段出现时，可将其理解成内部审计或自评价等形式。从这个角度看，监测评价体系与传统管理方式特别是监管有着本质的区别。

作为目标导向型的现代管理工具，监测评价体系要确保监测评估的结论客观公正，使监测评价中发现的问题及建议能够在巩固企业管理中起到应有作用，进而使监测评估报告传达到决策层面，不断提高资产使用效能，保证资产安全。

8.2 獐子岛公司：逃跑的存货

本案例主要围绕企业的存货风险展开。加强存货管理，确保资产的真实性和完整性，对企业合规经营、资本市场健康发展具有重要意义。

8.2.1 案例导读

獐子岛集团股份有限公司（以下简称"獐子岛公司"）成立于1992年9月，是一家以水产增养殖为主，集海珍品育苗、增养殖、加工、贸易、海上运输于一体的综合性海洋食品企业，产品包括虾夷扇贝、海参、鲍鱼、海螺、海胆等。2006年9月，獐子岛公司在深交所挂牌上市。

2014年10月14日，獐子岛公司停牌，称正在核查与底播增殖海域相关的重大事项。10 月 31 日，公司发布公告称受北黄海冷水团异常变化的影响，部分海域底播虾夷扇贝发生重大损失，决定对大额存货进行核销处理及计提大额存货跌价准备，合计影响净利润 7.63 亿元。该信息披露后，市场出现大量质疑声音，集中反映獐子岛公司涉嫌三年前底播虾夷扇贝苗种造假、大股东违规占用资金等问题。但经证监会核查，未发现獐子岛公司 2011 年底播虾夷扇贝苗种采购、底播过程中存在虚假行为；未发现大股东长海县獐子岛投资发展中心存在占用上市公司资金行为；獐子岛公司存在决策程序、信息披露以及财务核算不规范等问题。

但 2015 年，獐子岛公司再亏 2.43 亿元。獐子岛公司的股票自 2016 年 5 月 4 日起被实行"退市风险警示"特别处理，股票简称也由"獐子岛"变更为"★ST 獐岛"。公司在 2016 年年度实现营业收入 30.52 亿元，同比增长 11.93%，而归属于上市公司股东的净利润为 7959.34 万元，同比增长 132.76%，獐子岛公司也在 2017 年初成功摘帽，但 2018 年 1 月 31 日獐子岛公司又立即发布了《2017 年度业绩预告修正公告》，公告称公司盘点时发现部分海域的底播虾夷扇贝存货异常，可能导致 2017 年度全年巨额亏损。这份公告引起市场高度关注。随后，证监会快速反应，立即启动监管执法程序，对有关违法线索进行核查。2018 年 2 月 9 日，大连证监局依法对獐子岛涉嫌证券违法违规行为正式立案，证监会在獐子岛公司每月虾夷扇贝成本结转的依据为当月捕捞区域，在无逐日采捕区域记录可以核验的情况下，启用北斗卫星导航手段，对公司 27 条采捕船只数百余万条海上航行定位数据进行分析，同时，委托两家第三方专业机构运用计算机技术共同完成相关分析和测算工作，伴随 2019 年 11 月獐子岛公司再度爆出"扇贝存货异常，预计核销存货成本及计提存货跌价准备合计 2.78 亿元"的消息后，历经近两年的时间，最终还原了事实真相。2020 年 6 月 15 日，证监会依法对獐子岛公司及相关人员涉嫌违反证券法律法规案作出行政处罚和市场禁入决定。2020 年 9 月 11 日，证监会发布公告称，根据《行政执法机关移送涉嫌犯罪案件的规定》（中华人民共和国国务院令第 310 号），证监会决定将獐子岛公司及相关人员涉嫌证券犯罪案件依法移送公安机关追究刑事责任。

8.2.2 问题聚焦

1. **存货**。存货是企业重要的资产，不仅影响资产负债表，还影响利润表。不同的行业对存货的具体定义也不同。传统行业的存货是指企业在日常活动中持有的以备出售的产成品或商品、处在生产过程中的在产品、在生产过程或提供劳务过程中耗用的材料和物料等。对房地产企业来说，存货一般是指待出售的物业和准确开发的土地等；对工程施工类企业来说，存货指工程建设过程中的库存商品和在产品、工程施工等；对酿酒行业来说，企业的存货分为粮谷、白酒、酒类包装物和存放待勾兑的基酒等；对农业类企业来说，存货主要指养殖过程中耗用的原粮、物料以及消耗性生物资产等。

案例中獐子岛公司的存货主要是什么？

2. **存货的管理**。存货管理比较复杂，不同类型的企业有不同的存货业务特征和管理模式。即使同一企业，不同类型存货业务流程和管理控制方式也不尽相同。一般存货基本业务流程都应该包括存货取得、验收入库、仓储保管、领用和发出。从财务管理的角度看，企业存货管理包括确认、计量和相关信息的披露。

獐子岛公司存货管理的问题是什么？这类以存货为资产的企业应该如何对存货进行管理，有没有相应的规章制度？

3. **资产核销**。2020 年 6 月，证监会在獐子岛公司相关责任人员行政处罚决定书上指出，经比对獐子岛公司 2016 年初底播虾夷扇贝库存图、2016 年及 2017 年底播虾夷扇贝库存图、捕捞船只导航定位信息发现，部分 2016 年初有记载的库存区域在 2016 年和 2017 年均没有显示捕捞轨迹，而该区域在 2017 年底重新进行了底播。根据会计核算一贯性原则，上述区域既往库存资产应进行核销处理，由此，獐子岛公司 2017 年度虚减营业外支出 4187.27 万元。

獐子岛公司申辩采捕作业区域面积是基于数据推算出来的，不能作为确定作假的依据。对此，应该如何回应？

4. **信息披露**。2020 年 6 月，证监会在獐子岛公司相关责任人员行政处罚决定书上同时指出，獐子岛公司未及时进行信息披露。但獐子岛公司认为根据上市公司信息披露的相关规定，底播虾夷扇贝春测和秋测的方案与结果并非法定的上市公司信息披露事项，且披露的秋测结果与客观事实相符，不应认定为存在虚假记载。同时，獐子岛公司指出 2017 年全年业绩的预计受到多方面因素的影响，并非刻意隐瞒预计本期业绩与已披露的业绩预告之间的差异，最终于 2018 年 1 月底披露业绩修正公告，不应被认定为未及时披露信息。

对獐子岛公司关于信息披露的说法，又该如何回应？

5. **存货盘点**。存货盘点要核对实物的数量，看其是否与相关记录相符、是否账实相符；同时也要关注实物的质量，看其是否有明显的损坏。但生物资产的盘点有其特殊性，比一般企业的存货盘点要复杂，技术操作上有难度，很容易使盘点工作流于形式、无法查清存货真实状况。

从案例中看，如何对獐子岛公司的存货进行盘点？

8.2.3　问题应对思路与问题解决

1. **存货**。案例中獐子岛公司的存货主要是什么？

从解决思路上看，要了解存货的基本概念，再结合案例判断獐子岛公司的存货。獐子岛作为一家以水产增养殖为主的综合性海洋食品企业，存货主要包括虾夷扇贝、海参、鲍鱼、海螺、海胆等。从 2014 年 10 月獐子岛公司发布的公告看，底播增殖海域虾夷扇贝等发生重大损失，合计影响净利润 7.63 亿元，引发市场大量质疑。2019 年 4 月，獐子岛公司再次发布公告称因底播虾夷扇贝受灾导致报告期内产销量及效益下降，净利润亏损 4 314 万元，其后指出底播虾夷扇贝再次遭遇非正常死亡，预计核销存货成本及计提存货跌价准备合计 2.78 亿元。这些情况表明虾夷扇贝等存货是獐子岛公司的主要资产。

从解决对策上看，2004 年财政部颁发《农业企业会计核算办法》，作为当时执行的《企业会计制度》的补充，首次引入了生物资产的概念。生物资产分为消耗性生物资产、生产性生物资产和公益性生物资产。2006 年，财政部颁发《企业会计准则第 5 号——生物资产》，消耗性生物资产适用该准则。准则规定，生物资产应当按照成本进行初始计量。企业至少应当于每年年度终了对消耗性生物资产和生产性生物资产进行检查，有确凿证据表明由于遭受自然灾害、病虫害、动物疫病侵袭或市场需求变化等，消耗性生物资产的可变现净值或生产性生物资产的可收回金额低于其账面价值的，应当按照可变现净值或可收回金额低于账面价值的差额，计提生物资产跌价准备或减值准备，并计入当期损益。上述可变现净值和可收回金额，应当分别按照《企业会计准则第 1 号——存货》和《企业会计准则第 8 号——资产减值》确定。

根据上述规定，獐子岛公司的扇贝等存货属于消耗性生物资产。尽管獐子岛公司声称其公司虾夷扇贝主要在上市前期，后期鲍鱼产量占比有所提升，但资产结构的变化，并不能否定扇贝作为其主要生物存货的判断。国家出台相关生物资产的政策，就是为了规范农林牧副渔的会计核算。

2. **存货的管理**。獐子岛公司存货管理的问题是什么？这类以存货为资产的企业应该如何对存货进行管理，有没有相应的规章制度？

　　獐子岛公司是财务造假案，也是存货造假案。背后存在法人治理缺位、内控管理混乱的问题，必须压实大股东、实际控制人和董事、监事、高级管理人员等"关键少数"的法定责任。因此，要明确存货管理的具体问题，再根据原因，结合国家相关规定进行回应。

　　獐子岛公司的具体情况可以根据其公开披露的信息分析。2018 年和 2019 年，獐子岛公司先后发布公告称存货出现异常。其中，《2017 年度业绩预告修正公告》称，公司盘点时发现部分海域的底播虾夷扇贝存货异常，可能导致 2017 年度全年巨额亏损，对以前年度已采捕完毕未结转成本的虚假库存进行核销减值，并全部计入 2017 年度损益，造成公司 2017 年度亏损 7.23 亿元。证监会对此立案调查。2019 年 4 月，獐子岛公司第一季度报告称因底播虾夷扇贝受灾，报告期内产销量及效益下降，净利润亏损 4 314 万元；11 月，秋测结果显示底播虾夷扇贝再次遭遇非正常死亡，预计核销存货成本及计提存货跌价准备合计 2.78 亿元。

　　獐子岛公司作为海水养殖业上市公司，其存货主要是生物资产。从财政部《农业企业会计核算办法》关于生物资产的分类中可以看出，獐子岛公司的存货属于消耗性生物资产。相对其他资产，消耗性生物资产具有生长周期长、数量难以统计和生存环境不确定等特点，一般企业的存货管理办法适用性较低，要科学做好存货管理比较困难。2006 年《企业会计准则第 1 号——存货》明确指出消耗性生物资产适用《企业会计准则第 5 号——生物资产》。

　　在《企业会计准则》2014 年版、2017 年版、2018 年版和 2019 年版中，《企业会计准则第 5 号——生物资产》中关于生物资产的部分未做修正，说明仍适用于獐子岛公司等类似企业的生物资产管理。

　　3. 资产核销。獐子岛公司申辩采捕作业区域面积是基于数据推算出来的，不能作为确定作假的依据。对此，应该如何回应？

　　从解决思路上看，目前比较一致的看法是獐子岛公司这起事件是一起上市公司的恶性舞弊案件。獐子岛公司通过少报当年扇贝采捕海域、少计成本，虚增 2016 年利润；随后将以前年度已经采捕但未结转成本的虚假库存一次性核销，虚减 2017 年利润，连续两年财务报告严重失实。但当时证监会需要针对獐子岛公司的申辩进行合理的回应。

从解决对策上看，证监会的回应是，根据獐子岛公司相关年度报告记载，公司成本结转的依据为"当期实际采捕面积"而非"实际采捕量与平均亩数的比例"，獐子岛公司每月财务记账凭证后都会附有各月结转的依据，由此认定獐子岛公司确定的计算并非未经实践检验的方法。

4. 信息披露。对獐子岛公司关于信息披露的说法，又该如何回应？

从解决思路上看，要分析当时双方的语境，找到獐子岛公司观点的问题，进行有针对性的回应。

从解决对策上看，证监会的回应是，关于秋测，依据 2005 年《证券法》的规定，上市公司披露的信息必须真实、准确、完整。即使是非法定披露事项，上市公司一旦披露相关公告，应符合法律规定。獐子岛公司认为不是法定披露事项则不需要满足真实、准确、完整的要求，系对法律规定的错误理解。

关于业绩预期与实际的差异，在案证据显示獐子岛公司财务总监勾荣已知悉公司全年业绩与原业绩预测偏差较大，并向董事长吴厚刚进行了汇报。根据 2005 年《证券法》第六十七条第二款第十二项、《上市公司信息披露管理办法》第七十一条第二项和《深圳证券交易所股票上市规则（2014 年修订）》第 11.3.3 条规定，獐子岛公司应及时披露业绩预告修正公告，此时触及信息披露时点，应在 2 日内进行信息披露。

5. 存货盘点。从案例中看，如何对獐子岛公司的存货进行盘点？

从解决思路上看，这类企业的存货盘点的确较为困难。有些企业因此会利用海底采捕状态难调查、难核实、难发现的特点，进行造假。针对此前市场上的大量质疑，2014 年证监会首次对獐子岛公司"巨亏"事件进行核查，除了獐子岛公司存在决策程序、信息披露以及财务核算不规范等问题外，未发现该公司 2011 年底播虾夷扇贝苗种采购、底播过程中存在虚假行为，也未发现大股东长海县獐子岛投资发展中心存在占用上市公司资金行为。因此，需要借用新的盘点手段。

从解决措施上看，证监会借助北斗导航卫星定位数据，对獐子岛公司 27 条采捕船只数百万条海上航行定位数据进行分析；同时，证监会委托两家第三方专业机构运用计算机技术共同完成相关分析和测算工作，还原了采捕船只的真实航行轨迹，复原了公司最近两年真实的采捕海域，进而确定实际采捕面积。相关人员以此为依据和獐子岛公司数据进行比对，发现獐子岛公司在结转成本时所记载的捕捞区域与捕捞船只实际作业区域存在明显出入，由此确定虚减营业成本；同时，发现獐子岛公司在同样区域进行底播虾夷扇贝时，未按规定对相同区域既往库存资产进行核销处理，由此，确定虚减营业外支出。证监会根据上述虚减营业成本和营业外支出的情况，确定獐子岛公司虚增利润，因此认定獐子岛公司 2016—2018 年度报告存在虚假记载。

8.2.4 知识延伸

1. 生物资产。

生物资产指农业活动所涉及的活的动物或植物。为了统一规范农业企业生物资产和农产品的会计核算和相关信息的披露，2004 年财政部根据《中华人民共和国会计法》《企业财务会计报告条例》《企业会计制度》和国家有关法律、法规，并结合农业企业生物资产和农产品的特点，制定了《农业企业会计核算办法——生物资产和农产品》（财会〔2004〕5 号），在这个办法中第一次出现生物资产的概念。

生物资产应分为消耗性生物资产和生产性生物资产。消耗性生物资产是指将收获为农产品或为出售而持有的生物资产，如玉米和小麦等庄稼、用材林、存栏待售的牲畜、养殖的鱼等。生产性生物资产是指消耗性生物资产以外的生物资产，如产畜、役畜、经济林木等。生产性生物资产应进一步划分为成熟生产性生物资产和未成熟生产性生物资产。獐子岛公司的存货属于消耗性生物资产。

2006年《企业会计准则第1号——存货》明确指出消耗性生物资产适用《企业会计准则第5号——生物资产》。《企业会计准则第5号——生物资产》对与农业生产相关的生物资产的确认、计量和相关信息的披露进行了规范。准则规定，生物资产应当按照成本进行初始计量，这是成本模式优于公允价值模式的原则，并说明了生物资产的计算方法，对生产物资后续计量的要求和方法也进行了规定。企业至少应当于每年年度终了对消耗性生物资产和生产性生物资产进行检查，只有在有确凿证据表明生物资产遭受自然灾害、病虫害、动物疫病侵袭或市场需求变化等原因，导致其成本高于可收回金额或可变现净值时，才计提生物资产跌价准备或减值准备。这是一种较为简化的会计处理方式。上述可变现净值和可收回金额，应当分别按照《企业会计准则第1号——存货》和《企业会计准则第8号——资产减值》确定。同时，《企业会计准则第5号——生物资产》对生物资产减值的会计处理进行了规范，对企业应当在附注中披露与生物资产及生物资产增减变动有关信息的披露也进行了规定。

2. 北斗卫星导航系统。

北斗卫星导航系统（BeiDou Navigation Satellite System，BDS）是我国自行研制的全球卫星导航系统，由空间段、地面段和用户段三部分组成，是为全球用户提供全天候、全天时、高精度的定位、导航和授时服务的国家重要空间基础设施。相关产品已广泛应用于交通运输、海洋渔业、水文监测、气象预报、测绘地理信息、森林防火、通信时统、电力调度、救灾减灾和应急搜救等领域。

农林牧渔业的存货一般种类繁多，其中消耗性生物资产占存货的比重较大。由于消耗性生物资产的生长周期各异、生长环境特殊，极容易遭受不可分散的生态风险影响，所以管理难度大。獐子岛公司存货以扇贝、海螺、鱼类等资产为主，属于海洋牧场式养殖模式，对其消耗性生物资产进行的后续确认、计量和期末盘点等有一定的难度。

2014 年，证监会首次对獐子岛公司存货进行核查，未发现虚假行为。2018 年，证监会通过北斗卫星导航定位数据信息，分析捕捞船状态，确定拖网轨迹，进而确定实际采捕面积，在此基础上，比对獐子岛公司成本结转和资产核销，最终确定年度报告中的成本、利润存在虚假记载。同时，为保证数据有效，证监会又委托两家第三方专业机构共同完成相关分析和测算工作，遂认定獐子岛公司报告中的存货存在虚假记载的情况。

3. "四个敬畏"。

"四个敬畏"是 2019 年 2 月 27 日国务院新闻办公室新闻发布会上，证监会主席易会满对监管部门提出的要求，即"必须敬畏市场""必须敬畏法治""必须敬畏专业""必须敬畏风险"，与"资本市场改革发展稳定方方面面支持"合称"四个必须""一个合力"。这是证监会贯彻落实中央的要求，进一步回应投资者的关切，推进资本市场持续健康发展的监管思路。

2019 年 5 月 11 日，在中国上市公司协会 2019 年年会暨第二届理事会第七次会议上，易会满表示，上市公司质量是资本市场可持续发展的基石，要求监管部门要做到"四个敬畏"，上市公司也必须谨记和坚持"四个敬畏"，不同的是"敬畏风险"替换成了"敬畏投资者"。这是证监会要求上市公司大股东和上市公司"董、监、高"要常怀敬畏之心。易会满称，作为市场主体，上市公司担负着自我规范、自我提高、自我完善的直接责任、第一责任。实践证明，如果做出与市场规律和法律法规对抗、不敬畏风险、损害投资者的行为，行为人最终必然会受到市场和法律的惩罚，付出沉重代价。

8.3 复盘与思考

本章选取的两个案例分别是 CAO 和獐子岛公司。CAO 作为外国中资企业，经过从内到外的全面转变后，目前已稳步成长为亚太地区最大的航油实货贸易商以及中国民航业的最主要航油进口商，但当年在资产管理中的亏损事件，近 20 年之后仍对国内的金融衍生业务管理产生影响。从更高的层面来看，以 CAO 为代表的中资企业由于身处外国，在推动我国传统企业管理体制改革方面，比国内企业更为彻底。其在资产管理方面的探索与实践，对国内企业可能更具有正面的借鉴意义。

獐子岛公司是一家海洋食品企业，其存货管理的特点在农林牧渔业中具有一定代表性，如何对农产品（特别是不便查看的生物资产）的存货进行盘点，一直是监管难点。北斗卫星导航系统的介入，破解了生物资产难调查、难核实、难发现的困境。希望证监会提出的触动人心的"四个敬畏"，能和北斗卫星导航系统一起，从天上、地上两个角度合力促进资本市场的健康发展。

第3篇

企业内部控制方法部分

第 9 章 | 财务报告

本章的主题是理解企业内部控制中的财务报告，了解并关注编制企业财务报告，对外提供和分析利用财务报告中的风险问题。财务报告是指反映企业某一特定日期的状况和某一会计期间经营成果、现金流量的文件，包括财务报表和其他应当在财务报告中披露的相关信息和资料。财务报表是财务报告的核心内容。

通过阅读本章内容，读者将对财务报告的编制、对外提供、分析利用的风险问题有一个整体认识，初步了解应对财务报告风险的相关方法，学习如何加强财务报告方面的风险管理，明确相关工作流程和要求，落实责任制，确保报告合法合规、真实完整和有效利用。

9.1 中航油（新加坡）公司：走向稳健的财务报告

本案例围绕企业财务报表与业务的关系、对外提供和分析利用财务报告中的主要风险展开，对防范和化解企业法律责任、夯实企业发展基础，提升企业治理的经营管理水平具有重要的意义。

9.1.1 案例导读

2005 年，CAO 因从事石油衍生品期权交易巨额亏损后，新加坡法院指控总裁陈久霖涉嫌欺诈、在财务报告中造假、没有及时披露巨亏信息及局内人交易等 15 项罪名；指控财务总监林中山与陈久霖串谋欺骗德意志银行、未及时披露信息等两项罪名。其中，财务报告造假是指陈久霖隐瞒亏损事实，在公布的季报中称公司依然盈利，误导了投资者。最终法院判处林中山入狱两年，并处以 15 万新元罚款；判处陈久霖监禁 4 年 3 个月，罚款 20.74 万美元。

在建立完善的风险管理和财务报告可靠性机制的前提下，2008 年 CAO 开始了航油套期保值和贸易活动。在新的发展战略中，CAO 较为重视财务状况，严格按照监管要求，对外进行信息披露，对内定期向董事会上报，确保财务报告的真实有效性，尤其是信息技术的刚性约束作用。2009 年整体财务状况继续保持稳健，全年实现毛利 3 070 万美元，同比增长 36%，为历史最高。2010 年在全面恢复正常公司治理结构后，财务状况稳健，首次进行期中分红。

目前 CAO 的发展已走上正轨，2020 年受新冠疫情影响，航油需求

企业内部控制案例分析：全流程风险识别、防范与应对思路

176

骤降，但在稳健的财务政策指导下，仍取得了较好的财务业绩，营业额达到 105 亿美元，净利润达到 5620 万美元，净资产回报率为 6.6%，资产回报率达 3.2%。

9.1.2 问题聚焦

1. **财务报告与业务**。财务报告是反映企业财务状况和经营成果的书面文件，它由资产负债表、利润表、现金流量表、所有者权益变动表、附表及会计报表附注和财务情况说明书组成。财务报告的目的是向企业现有的股东以及其他利益相关部门等信息使用者提供企业的财务状况、经营成果和现金流量信息，以利于其正确地进行经济决策。2005 年，中航油事件后，有不少人质疑作为一家外国上市公司，CAO 对外公布的财务报告要接受新加坡监管部门的严格监管，难道当时的监管部门没有从财务报告中看到问题吗？

结合 CAO 的案例来看，这说明了什么问题？进一步说，财务报告和企业的业务是什么关系？

2. **财务报告与发展战略的关系**。财务报告是企业投资者、债权人决策的重要依据。近年来，美国安然公司事件、我国瑞幸咖啡事件等国内外财务造假事件不断出现，对企业声誉甚至生存发展都造成了重大影响，其中主要原因就是企业财务报告的内部控制缺失或不健全。发展战略在企业生产经营活动中居于主导地位，对企业财务工作等各方面起着指导作用。财务报告作为财务工作的重要组成部分，具有相对独立性，但又不能完全独立于企业发展战略之外。财务行为本身就是对各种利益关系的调整，是一种战略管理行为。财务管理人员也是企业发展战略的核心组成部分。即使财务报告具有独立性，也可以用于评估企业发展战略和行动方案的财务可行性，其财务数据可以倒推企业战略目标的实现程度。

从案例中看，CAO 的财务报告和发展战略有关系吗？两者是否保持一致？

3. 规范企业财务报告。内部控制是以财务报表为核心的会计控制，不论是 COSO 还是我国监管部门，财务报告及相关信息的真实完整一直是内部控制的要点。企业应当制定明确的财务报告编制、报送及分析利用等相关流程，应当明确规范职责分工、权限范围和审批程序，机构设置和人员配备应当科学合理，并确保全过程中财务报告的编制、披露和审核等不相容岗位相互分离。企业负责人对财务报告的真实性和完整性承担责任，企业财会部门负责财务报告编制和报告分析编写工作，企业内部各部门应当及时提供编制财务报告所需的信息，企业法律事务部门或外聘律师应当对财务报告对外提供的合法合规性进行审核。

从案例中看，CAO 是否重视财务报告的控制流程，通过规范企业财务报告的过程，确保结果的有效？

4. 充分利用会计信息技术。随着信息技术的快速发展与会计实务深入融合，传统的财务报告发生变化。企业应当充分利用信息技术，减少或避免编制差错和人为调整因素，提高工作效率和工作质量，同时，也应当注意防范信息技术所带来的特有风险。目前，企业主要是从制度与技术两方面来建立安全机制。制度上主要是放在数据的存取控制上，加强数据的输入、输出、调用管理；技术上目前主要采用防火墙、数据加密、访问权限控制等技术。

案例中的 CAO 在建设财务报告可靠性机制的过程中，是否重视会计信息技术的利用？

5. 财务报告的对外提供。企业应当依照法律法规和国家统一的会计准则制度的规定，及时对外提供报告。一般企业的财务报告经完整审核并签名盖章后即可对外提供。上市公司还需经董事会和监事会审批通过后方能对外提供。按照《公司法》等法律法规规定，公司编制的年度财务报告需依法经会计师事务所审计，审计报告应随同财务报告一并对外提供。《财政部 证监会关于会计师事务所从事证券、期货相关业务有关问题的通知》（财会〔2007〕6 号）等还对为特定公司进行审计的会计师事务所的资格进行了规定。企业在对外提供财务报告时，要注意是否提供虚假财务报告，误导财务报告使用者，造成决策失误，干扰市场秩序，导致承担相应的法律责任。如果企业未能及时对外报送财务报告，导致财务报告信息的使用价值降低，同时也违反有关法律法规。

从案例中看，CAO 对外提供财务报告是否遵守国家的相关规定？

6. **财务报告的分析和利用。**财务报告的分析报告是构成内部控制报告的组成部分。按照内部控制相关制度规定，企业应当重视报告分析工作，定期召开分析会议，全面分析资产负债表、利润表、现金流量表等财务报告中所反映的企业的经营管理状况和存在的问题，不断提高经营管理水平。企业分析会议应吸收有关部门负责人参加，据此形成分析报告，利用信息技术和现有内部报告体系在各个层级上进行沟通，根据分析结果进行决策和整改落实，充分发挥报告在企业生产经营管理中的重要作用。如果企业财务分析报告的目的和方法不正确，财务分析报告的内容不完整，会影响财务报告的质量和可用性。如果企业不能有效利用财务报告，难以及时发现企业经营管理中存在的问题，可能导致企业财务和经营风险失控。

从案例中看，CAO 是否重视财务报告的分析和利用，并形成相应的分析报告，传递给企业内部相关管理者使用？

9.1.3 问题应对思路与问题解决

1. **财务报告与业务。**结合 CAO 的案例来看，这说明了什么问题？进一步说，财务报告和企业的业务是什么关系？

从解决思路上看，在中航油事件前，CAO 的财务报告按照监管要求已经在年报上公布过，并且是经 CAO 董事会审计委员会和外部审计师确认，以及全体董事成员签署后正式对外公布的，也得到了当时监管机构的认可。这里的关键是要理解财务报告本质，不能流于形式。因此，可以结合案例的具体问题进行具体分析。

从解决对策上看，监管部门没有从财务报告中看到问题，是因为 CAO 的期权交易是在场外交易（OTC）市场上进行的。财务报告虽然确认和计量了 CAO 收到的卖出期权收益，但却没有体现所卖出的期权合约背后隐含的巨大风险可能造成的潜在损失。对应案例中 PWC 的调查报告的说法，即 CAO 无意在 2004 年第一、二、三季度报告中计入损失的想法，最终导致了 2004 年的挪盘；同时，认为 CAO 未能根据行业标准评估期权组合价值，因此未能正确估算期权的价值，也未能在 2002—2004 年的财务报告及季度、半年报上反映。而这种交易方式导致的后果，也是新加坡法院指控的依据。

财务报告只能反映某一会计主体的会计信息，反映不了全部的产业、整个行业以及更大的外部环境，不是决策所需信息的全部。现实业务复杂多变，会计信息计量的只是某个时空的数据，不一定精确。更重要的是财务报告只反映部分信息。

换句话说，真正支撑 PWC 报告的结论和新加坡法院判决的，不是财务报告不合规合法的问题，而是 CAO 从事的金融衍生业务不赚钱的问题。事实上，在中航油事件前，CAO 的财务报告经董事会审计委员会和外部审计师确认以及全体董事成员签署后，在年报上对外正式公布过，当时是被新加坡监管机构认可的。巨亏发生之后，用结果倒推出财务报告的不合规和"信息披露"的不及时。

在战略投资者 BP 亚洲投资有限公司的协助下，CAO 在重组期间通过稳步、细致的推进，完成一系列的公司治理和财务管理调整后，重启航油套期保值业务，迅速实现盈利。在 2010 年新加坡籍董事长离职、CNAF 总经理接任后，首次进行期中分红，表明稳健的不是财务状况，而是财务背后的业务。

2. 财务报告与发展战略的关系。 从案例中看，CAO 的财务报告和发展战略有关系吗？两者是否保持一致？

从解决思路上看，财务管理和财务人员是企业发展战略的核心组成部分。可以从财务报表上评估企业发展战略和行动方案的财务可行性，用财务数据倒推企业战略目标的实现程度，然后结合 CAO 的财务报告进行判断。

从解决对策上看，根据《企业内部控制基本规范》第三条，内部控制的目标包括合理保证企业经营管理合法合规、资产安全、财务报告及相关信息真实完整，提高经营效率和效果，促进企业实现发展战略。也就是说，公司的董事会、监事会、经理层及全体员工要通过建立有效的内控制度，强化会计基础工作，保证财务报告及相关信息真实、完整。财务报告的真实、完整是企业发展战略的实现途径，两者存在着正向关系。

中航油事件前，CAO 在实施战略过程中进行资本运作，实现跨越式发展。重组后，CAO 在新发展战略中，将航油供应、油品贸易和与油品相关实业投资等作为核心业务。而母公司 CNAF 也把 CAO 定位为油品国际贸易的主渠道。在新发展战略的总体设计和实施规划中，财务和信用与三大核心业务一起被列入战略规划。同时，CAO 成立了由首席执行官、财务总监等相关公司管理层人员组成的，由业务发展部主管为主席的投资管理委员会，制定了未来 5 年实业投资方向和策略。

3. 规范企业财务报告。 从案例中看，CAO 是否重视财务报告的控制流程，通过规范企业财务报告的过程，确保结果的有效？

从解决思路上看，企业规范的财务报告是内部控制的重点。2001 年的安然事件和 2004 年的中航油事件中暴露的财务报表舞弊，使各国监管部门认识到建设财务报告可靠性机制对预防此类事件发生的重要性。资本市场上的投资者，特别是社会公众，要求企业披露其与内部控制相关的信息，并要求经过注册会计师审计以增强信息的可靠性。这里要结合CAO案例，对此进行具体分析。

从解决对策上看，在中航油事件前，CAO除了按照国际惯例进行风险管理建设，还根据新加坡公司外部审计政策建立了外审审计制度。审计委员会每年要审阅外部审计师的表现、审计的质量和严格程度，以及外部审计师的独立性和客观性等。

在中航油事件后，CAO从注重财务报告本身的可靠性转向注重对保证财务报告可靠性机制的建设，即以过程的有效保证结果的有效。根据有关会计法规和监管要求的规定，CAO结合自身实际，及时对内部会计规章制度和财务报告流程等做出了相应更改，重新修订了财务手册，实施新的财务授权制度，对大额资金使用调配做出更加严格的规定。管理层要按月向董事会上报财务报告。董事会在审查后要及时向股东呈交评估报告。同时，CAO严格按照新交所《新加坡证券交易所上市手册》等相关法规的规定，在法定期限内公布公司半年度和全年度的财务报告，强化公司透明度和披露工作，确保所有信息披露符合各项规定；通过审计委员会、德勤会计师事务所等审查管理层对公司业务流程和财务报告的管控。

4. 充分利用会计信息技术。案例中的CAO在建设财务报告可靠性机制的过程中，是否重视会计信息技术的利用？

从解决思路上看，要明确信息技术是大势所趋，也要清楚CAO身处新加坡，当地的环境会要求企业按照国际惯例进行对接。

从解决措施上看，2021年，CAO的财务总监除负责公司的财务工作外，也分管风险管理部与合规内审部，还负责协助CEO监管公司的投资者关系以及信息化建设工作。鉴于信息技术在内部控制中的重要性，相关内容在其他章详细阐述。

5. **财务报告的对外提供**。从案例中看，CAO 对外提供财务报告是否遵守国家的相关规定？

从解决思路上看，法律明确规定企业需要对外提供财务报告。但是由于 CAO 所处情况特殊，比如，四大国际会计师事务所之一 PWC 发布对中航油事件的调查报告，指出 CAO 未能正确估算期权的价值，也未能在 2002—2004 年的财务报告及季度、半年报上反映。因此，需要根据其发展不同阶段进行具体分析。

从解决措施上看，正是由于对外提供财务报告中出现问题，CAO 才受到处罚，因此，在重组后，CAO 严格按照法律法规和监管要求，及时对外提供报告。同时，CAO 按照新加坡审计标准，要聘请外部审计师德勤会计师事务所，审计师会在财务报告的审计师报告中披露关键审计事项，包括在审计财务报表过程中所发现的重大事项。

在重组前，CAO 实际也遵守了相关法律法规的规定，但这要依据中外法律各自的规定分开来看。根据我国相关规定，CAO 在对外提供财务报告时未及时公布潜在的亏损不构成违法，但新加坡的公司治理文化特别强调公开披露重要信息。从法院认定的罪名看，这不是一个简单的因期货交易导致的公司亏损事件。从检控方起初提出的"以伪造文件冒充真实文件"等 15 项指控看，其中有 10 项是关于发布虚假声明的指控，最终获罪的罪名也是"欺骗德意志银行"和"未披露信息"，说明问题的关键在于法院认定 CAO 的隐瞒亏损事实的行为严重破坏了正常的交易规则，扰乱了新加坡金融交易秩序，而不是因为 CAO 高管带给公司的经济损失。CAO 未遵守新加坡的企业规则，没有如实公告公司面临的真实问题构成了违法。

6. **财务报告的分析和利用**。从案例中看，CAO 是否重视财务报告的分析和利用，并形成相应的分析报告，传递给企业内部相关管理者使用？

从解决思路上看，内部控制相关制度规定企业应当重视报告分析工作，通过全面分析财务报告，发现企业的经营管理状况和存在的问题，不断提高经营管理水平。一般运营正常的企业都会重视财务报告的作用，同时管理者可结合 CAO 的发展效果进行判断。不过，由于中航油事件影响过大，其财务报告引起了管理者的特别重视。

从解决对策上看，鉴于财务部门的问题及财务报告的重要性，CAO 在重组期间，总裁和财务主管的岗位曾一度空缺，其职责由董事会直接接管。2006 年 3 月在完成重组后，CAO 聘请了和董事长同为新加坡籍的财务主管。同时，CAO 对有关工作流程和内部控制进行了改进，并按照新加坡审计标准，要求外部审计师德勤会计师事务所在财务报告的审计师报告中披露关键审计事项，包括在审计财务报表过程中所发现的重大事项。

CAO 每月管理层要向董事会上报财务报告，帮助董事会了解公司的业绩、财务状况、存在的问题以及发展前景等。董事会在审计委员会的协助下，审查公司的所有财务报告，向股东及时呈交全面的财务状况及发展前景的评估报告。

9.1.4 知识延伸

1. 重视信息披露制度。

信息披露制度对 CAO 影响重大，对规范发行人、上市公司及其他信息披露义务人的信息披露行为，加强信息披露事务管理，保护投资者合法权益等同样意义重大。

信息披露主要是指公众公司以定期报告、临时报告、招股说明书、募集说明书、上市公告书、收购报告书等形式，把公司及与公司相关的信息，向投资者和社会公众公开披露的行为。信息披露制度也称信息公开制度，指上市公司为保障投资者利益和接受社会公众的监督而依照法律规定必须公开或公布其有关信息和资料的规定。

信息披露是股票发行注册制改革的核心，信息披露监管则是上市公司监管工作的重心。国家监管部门高度重视上市公司信息披露制度建设。2007 年 1 月发布的《上市公司信息披露管理办法》是证监会以主席令形式发布的部门规章，是对上市公司及其他信息披露义务人的所有信息披露行为的总括性规范，包括从公司发行到上市后持续信息披露的各项要求。近年来，随着市场的改革发展，上市公司信息披露监管面临一些新情况、新问题。

2020 年 3 月 1 日，新修订的《证券法》正式施行，对信息披露做了专章规定，明确了信息披露的原则要求，授权中国证监会规定信息披露义务人的范围，对于自愿披露行为、公开承诺的信息披露等提出了规范要求，并大幅提高了信息披露的违法违规成本。为此，证监会对《上市公司信息披露管理办法》进行了修订，进一步完善公平披露制度，细化自愿披露的规范要求，降低信息披露成本，明确信息披露义务人的范围等。

真实、全面、及时、充分地进行信息披露至关重要，只有这样，才能对那些持价值投资理念的投资者真正有帮助。《上市公司信息披露管理办法》要求信息披露义务人应当真实、准确、完整、及时地披露信息，不得有虚假记载、误导性陈述或者重大遗漏。修订版新增了"简明清晰、通俗易懂原则"，这样才能真正达到信息披露的目的。

信息披露的时间也很重要，《上市公司信息披露管理办法》规定年度报告应当在每个会计年度结束之日起四个月内披露。所以，一般上市公司年报披露时间为每年 1 月 1 日—4 月 30 日，越晚披露的公司，越有造假的嫌疑。

2. 阅读财务报表的两个重点。

2001 年中央财经大学教师刘姝威依据公开资料，对上市公司蓝田股份财务报告中的流动比率、速动比率和净营运资金等财务指标进行分析，认为蓝田股份的短期偿债能力很弱，完全依靠银行的贷款维持生存，应立即停止对蓝田股份发放贷款。此后，国家有关银行相继停止对蓝田股份发放新的贷款。这是专业人士依据专业知识进行的专业判断，对普通人来说，阅读财务报表有以下两个重点。

第一个重点是以三大财务报表看企业经营的基本面，主要是以现金流量表为"一个中心"，看"资产负债表"和"利润表"两个基本点。现金流量表是企业发展流动性的体现，通过经营活动现金净流量看现金流量表中企业的运转情况，看企业的未来发展。通过资产负债率、流动比率、资产周转率看资产负债表中企业的偿债能力和债务风险是否匹配。通过净利润和每股收益等指标看利润表中企业赚钱能力和产品的盈利能力。

第二个重点是从关键的会计科目去判断企业是否造假。每个企业的具体情况不同，可以通过看研发支出、预付账款和其他应收款、商誉以及运费进行判断。其中，研发支出是利润调节池，需要利润时会将其资本化。预付账款用来调节不入账的费用。其他应收款和其他应付款会容纳不合理往来款项。商誉可以检验重组的公司利润的真实性。运费的增长若与销售的增长不一致，可以怀疑公司存在造假的情况。

3. 财务报表中的利润不等于钱。

不太了解企业财务的人一般不清楚利润和钱的区别。利润是利润表中的数字，通过收入减去费用得到，是个虚拟的概念。钱是可以拿在手上的现金，一般通过交易实现。两者不是一个概念。如果用会计科目对应现实中的钱，应该是现金或银行存款。财务报表中的利润可以人为虚增，但"现金流量表"的"现金"需要现实中的收付支撑。有人把钱和利润的关系总结成四种，即有钱有利润、有钱没利润、没钱有利润和没钱没利润，讲的就是利润和钱此消彼长或共同消长的情况。

9.2 康美药业：重大虚假的财务报告

本案例围绕企业财务报告的编制和对外提供中的主要风险展开，对夯实防范企业法律责任，确保财务报告信息真实可靠，促进资本市场经济健康、可持续发展具有重要的意义。

9.2.1 案例导读

康美药业股份有限公司（以下简称"康美药业"）成立于1997年，当时称"广东康美药业有限公司"。2000年，康美药业进行股份化改组，改为集药品、中药饮片、中药材和医疗器械等供销一体化的大型医药民营企业。2001年3月，该公司在上海证券交易所挂牌上市，总资产222亿元，净资产120多亿元。2018年12月，康美药业公告公司收到中国证监会调查通知书，随即康美药业的股价出现断崖式下跌，市值蒸发超过800亿元。

2019年1月，康美药业股票跌停开盘。4月，康美药业发布了高达近300亿元的"会计差错"，资产状况持续恶化。5月，证监会通报康美药业2016—2018年度的财务报告具有重大虚假的事实，包括使用虚假银行单据虚增存款、通过伪造业务凭证进行收入造假以及部分资金转入关联方账户买卖本公司股票。康美药业股票主动变更为"ST康美"。

2020年5月13日，证监会发布了《中国证监会行政处罚决定书（康美药业股份有限公司、马兴田、许冬瑾等22名责任人员）》（〔2020〕24号），指出康美药业2016—2018年年度报告中存在虚增营业收入、利息收入及营业利润等违法事实。根据相关法律法规，证监会责令康美药业改正，给予警告，并处以罚款。2021年2月18日，证监会下发了《中国证监会行政处罚决定书（广东正中珠江会计师事务所、杨文蔚、张静璃、刘清、苏创升）》（〔2021〕11号），对广东正中珠江会计师事务所（特殊普通合伙）责令改正，没收业务收入，并处以罚款。

9.2.2 问题聚焦

1. **企业财务报告编制**。财会部门在编制财务报告前应该制定财务报告编制方案，并由财会部门负责人审核。编制财务报告时要注意符合有关法律法规、重要会计政策等。财务部门在编制财务报告前应当按照《企业会计准则——基本准则》和其他各项会计准则的规定编制财务报表，确保数字真实、计算准确、内容完整、报送及时。编制报告违反会计法律法规和国家统一的会计准则制度，可能导致企业承担法律责任和声誉受损。

案例中，康美药业的财务报告编制是否违反会计法律法规和国家统一的会计准则制度，以致影响企业声誉甚至为此承担法律责任？

2. **资产负债表的编制**。资产负债表（balance sheet）也称财务状况表，反映企业在一定日期（通常为各会计期末）的财务状况（即资产、负债和所有者权益的状况）的主要会计报表。资产负债表的报表功用除了帮助企业校正经营方向、防止弊端外，也可让阅读者在短时间内了解企业经营状况。

按照内部控制相关制度规定，企业财务报告列示的资产、负债、所有者权益金额应当真实可靠。各项资产计价方法不得随意变更，如有减值，应当合理计提减值准备，严禁虚增或虚减资产。各项负债应当反映企业的现时义务，不得提前、推迟或不确认负债，严禁虚增或虚减负债。所有者权益应当反映企业资产扣除负债后由所有者享有的剩余权益，由实收资本、资本公积、留存收益等构成。企业应当做好所有者权益保值增值工作，严禁虚假出资、抽逃出资、资本不实。

从案例中看，康美药业的资产负债表的编制是否符合法律法规的规定？

3. **利润表的编制**。利润表（income statement）是反映企业在一定时期内（月份、年度）经营成果（盈利或亏损）的报表。利用利润表可以评价一个企业的经营成果和投资效率，分析企业的盈利能力及未来一定时期的盈利趋势。利润表属动态报表。

按照内部控制相关制度规定，企业财务报告应当如实列示当期收入、费用和利润。各项收入的确认应当遵循规定的标准，不得虚列或者隐瞒收入，推迟或提前确认收入。各项费用、成本的确认应当符合规定，不得随意改变费用、成本的确认标准或计量方法，以及虚列、多列、不列或者少列费用、成本。利润由收入减去费用后的净额、直接计入当期利润的利得和损失等构成。不得随意调整利润的计算、分配方法，编造虚假利润。

从案例中看，康美药业利润表的编制是否符合法律法规的规定？

4. **现金流量表**。现金流量表（cash flow statements）是反映一定时期内（如月度、季度或年度）企业经营活动、投资活动和筹资活动对其现金及现金等价物所产生影响的财务报表，详细描述了由公司的经营、投资与筹资活动所产生的现金流。现金流量表可以概括反映经营活动、投资活动和筹资活动对企业现金流入流出的影响，对于评价企业的实现利润、财务状况及财务管理，比传统的利润表提供更好的基础信息。

按照内部控制相关制度规定，企业财务报告列示的各种现金流量由经营活动、投资活动和筹资活动的现金流量构成，应当按照规定划清各类交易和事项的现金流量的界限。

从案例中看，康美药业的现金流量表的编制是否符合法律法规的规定？

5. **企业财务报告的对外提供**。一般企业的财务报告经企业财务部门负责人审核后对外提供，上市公司的财务报告需经董事会和监事会审批通过后对外提供。对外提供财务报告要注意是否遵循相关法律法规的规定，财务报告的编制基础、编制依据、编制原则和方法是否一致，财务报告对外报送是否及时。此外，财务报告对外提供前要注意是否存在提前泄露情况。提供虚假报告，会误导报告使用者，造成决策失误，干扰市场秩序。

案例中康美药业对外提供的财务报告，是否违反国家相关会计法律法规，以致影响企业声誉？企业负责人和财务部门的主管人员是否为此承担法律责任？

6. **财务报告对外提供之审计**。按照《公司法》等法律法规规定，公司编制的年度财务报告需依法经会计师事务所审计，审计报告应随同财务报告一并对外提供。

案例中的康美药业在对外提供财务报告时，是否经会计师事务所等外部审计，效果如何？

7. **财务报告对外提供之使用**。财务报告是反映企业财务状况和经营成果的重要书面文件。财务报告的真实性和可靠性对企业生存和发展影响重大，健全完善的内部控制可以保障财务报告的真实性。

从案例中看，康美药业的财务报告是否发挥了应有的作用？

8. **财务报告对外提供之信息披露**。《上市公司信息披露管理办法》要求信息披露义务人应当及时披露真实、准确、完整、简明清晰、通俗易懂的信息，不得有虚假记载、误导性陈述或者重大遗漏。

能否从康美药业信息披露中发现财务报告有造假的嫌疑？

9.2.3 问题应对思路与问题解决

1. **企业财务报告编制**。案例中，康美药业的财务报告编制是否违反会计法律法规和国家统一的会计准则制度，以致影响企业声誉甚至为此承担法律责任？

从解决思路上看，首先要看康美药业财务报告编制的问题和性质，再结合案例判断。

从解决对策上看，康美药业财务造假案是一起上市公司系统性财务造假典型案例。康美药业的企业财务报告编制违反了相关法律。2019年，证监会通报康美药业2016—2018年度的财务报告具有重大虚假的事实。2016至2018年，康美药业股份有限公司实际控制人、董事长等通过虚开和篡改增值税发票、伪造银行单据，累计虚增货币资金887亿元，虚增收入275亿元，虚增利润39亿元。

对上市公司来说，财务信息披露的真实、准确和完整是市场健康发展的基础。大股东、实际控制人和董事、监事、高级管理人员要讲真话、做真账，维护信息披露制度的严肃性。由于没有遵守相关规定，康美药业和相关责任人受到了法律制裁。

2. 资产负债表的编制。从案例中看，康美药业的资产负债表的编制是否符合法律法规的规定？

从解决思路上看，要明确资产负债表编制的要求，再结合案例中证监会的公告进行判断。

从解决对策上看，根据证监会发布的《中国证监会行政处罚决定书（康美药业股份有限公司、马兴田、许冬瑾等22名责任人员）》，康美药业在2018年年度报告中存在虚假记载，虚增固定资产、在建工程、投资性房地产的情况。康美药业将前期未纳入报表的亳州华佗国际中药城等6个工程项目纳入表内，调增固定资产11.89亿元，调增在建工程4.01亿元，调增投资性房地产20.15亿元，合计调增资产总额36.05亿元。调整纳入表内的6个工程项目不满足会计确认和计量条件，虚增固定资产11.89亿元，虚增在建工程4.01亿元，虚增投资性房地产20.15亿元。

3. 利润表的编制。从案例中看，康美药业利润表的编制是否符合法律法规的规定？

从解决思路上看，要明确利润表编制的要求，再结合案例中证监会的公告进行判断。

从解决对策上看,根据证监会发布的《中国证监会行政处罚决定书(康美药业股份有限公司、马兴田、许冬瑾等 22 名责任人员)》,康美药业在其 2016 年年度报告、2017 年年度报告和 2018 年半年度报告中存在虚假记载,虚增营业收入、利息收入及营业利润。其中,2016 年虚增营业收入 89.99 亿元,多计利息收入 1.51 亿元,虚增营业利润 6.56 亿元,占合并利润表当期披露利润总额的 16.44%。2017 年虚增营业收入 100.32 亿元,多计利息收入 2.28 亿元,虚增营业利润 12.51 亿元,占合并利润表当期披露利润总额的 25.91%。2018 年虚增营业收入 16.13 亿元,虚增营业利润 1.65 亿元,占合并利润表当期披露利润总额的 12.11%。

4. 现金流量表。从案例中看,康美药业的现金流量表的编制是否符合法律法规的规定?

从解决思路上看,要明确现金流量表编制的要求,再结合案例中证监会的公告进行判断。

从解决对策上看,根据证监会发布的《中国证监会行政处罚决定书(康美药业股份有限公司、马兴田、许冬瑾等 22 名责任人员)》,康美药业 2016 年年度报告、2017 年年度报告和 2018 年半年度报告中存在虚假记载,虚增货币资金。其中,2016 年 1 月 1 日至 2018 年 6 月 30 日,康美药业通过财务不记账、虚假记账,伪造、变造大额定期存单或银行对账单,配合营业收入造假、伪造销售回款等方式,虚增货币资金。通过上述方式,该公司 2016 年虚增货币资金 22 548 513 485.42 元,占公司披露总资产的 41.13% 和净资产的 76.74%;2017 年虚增货币资金 29 944 309 821.45 元,占公司披露总资产的 43.57% 和净资产的 93.18%;其 2018 年半年度报告虚增货币资金 36 188 038 359.50 元,占公司披露总资产的 45.96% 和净资产的 108.24%。

5. 企业财务报告的对外提供。案例中康美药业对外提供的财务报告,是否违反国家相关会计法律法规,以致影响企业声誉? 企业负责人和财务部门的主管人员是否为此承担法律责任？

从解决思路上看，要明确企业对外提供财务报告的要求，再结合案例中证监会的公告进行判断。

从解决对策上看，根据证监会发布的《中国证监会行政处罚决定书（康美药业股份有限公司、马兴田、许冬瑾等 22 名责任人员）》，康美药业的 2016 年年度报告、2017 年年度报告和 2018 年年度报告存在重大遗漏，未按规定披露控股股东及其关联方非经营性占用资金的关联交易情况。其中，2016 年 1 月 1 日至 2018 年 12 月 31 日，康美药业在未经过决策审批或授权程序的情况下，累计向控股股东及其关联方提供非经营性资金 11 619 130 802.74 元用于购买股票、替控股股东及其关联方偿还融资本息、垫付解质押款或支付收购溢价款等。康美药业应当在相关年度报告中披露控股股东及其关联方非经营性占用资金的关联交易情况。但康美药业未在 2016— 2018 年度报告中披露前述情况，存在重大遗漏。

上述行为违反了 2005 年《证券法》第六十三条 "发行人、上市公司依法披露的信息，必须真实、准确、完整，不得有虚假记载、误导性陈述或者重大遗漏" 及第六十五条、第六十六条有关半年度报告、年度报告的规定，构成 2005 年《证券法》第一百九十三条第一款中 "发行人、上市公司或者其他信息披露义务人未按照规定披露信息，或者披露的信息有虚假记载、误导性陈述或者重大遗漏" 的行为。

庄义清作为康美药业财务总监，组织财务会计部门按规定进行会计核算和编制财务报告，在康美药业 2016 年年度报告、2017 年年度报告、2018 年半年度报告和 2018 年年度报告上签字和声明，承诺保证相关文件真实、准确、完整。其应当对康美药业披露的定期报告存在虚假陈述承担法律责任，是康美药业信息披露违法行为的其他直接责任人员。

据此，证监会责令康美药业改正，给予警告，并处以 60 万元的罚款；对马兴田等给予警告，并分别处以 10 万 ~90 万元的罚款，其中对作为财务总监的庄义清给予警告，并处以 25 万元的罚款。

6. 财务报告对外提供之审计。案例中的康美药业在对外提供财务报告时，是否经会计师事务所等外部审计，效果如何？

从解决思路上看，要明确企业对外提供财务报告审计的要求，再结合案例中证监会的公告进行判断。

从解决对策上看，自康美药业上市以来，对外提供财务报告一直经广东正中珠江会计师事务所审计。尽管媒体等对康美药业财务报告真实性提出质疑，但正中珠江会计师事务所未对财务报告提出质疑，出具审计报告存在缺陷等违法事实。2021 年 2 月 18 日，证监会下发了《中国证监会行政处罚决定书（广东正中珠江会计师事务所、杨文蔚、张静璃、刘清、苏创升）》（〔2021〕11 号），针对正中珠江出具的康美药业 2016 年至 2018 年年度审计报告存在虚假记载及财务报表的审计存在缺陷等违法事实，对广东正中珠江会计师事务所（特殊普通合伙）责令改正，没收业务收入 1 425 万元，并处以 4 275 万元罚款；对杨文蔚等给予警告，分别处以 3 万 ~10 万元罚款。

7. 财务报告对外提供之使用。从案例中看，康美药业的财务报告是否发挥了应有的作用？

从解决思路上看，要明确企业对外提供财务报告使用的要求，再结合案例进行判断。

从解决对策上看，康美药业的财务报告没能有效发挥作用。其从 2016 至 2018 年连续 3 年实施财务造假，虚增 300 亿元收入、40 亿元利润，是一起我国截至 2021 年最为严重的财务造假案。康美药业财务造假案不但导致企业经营风险失控，而且给我国上市公司的信息披露制度、政府监管与追责体系的强化、完善带来深远的影响。

8. 财务报告对外提供之信息披露。能否从康美药业信息披露中发现财务报告有造假的嫌疑？

从解决思路上看，要明确企业对外提供财务报告使用的要求，再结合案例进行分析和判断。

从解决对策上看，从康美药业信息披露的时间可发现端倪，《上市公司信息披露管理办法》规定年度报告应当在每个会计年度结束之日起四个月内披露。一般上市公司年报披露时间为次年的1月1日—4月30日，越晚披露的公司越有造假的嫌疑。康美药业于2017年4月20日发布其2016年年度报告，2018年4月26日发布2017年年度报告，2019年4月30日发布2018年半年度报告，有造假的嫌疑。

9.2.4 知识延伸

1. 用舞弊三角理论理解康美药业造假。

舞弊三角理论是针对企业舞弊行为的成因提出的众多理论之一，提出人是美国注册舞弊审查师协会（Association of Certified Fraud Examiners，ACFE）的创始人史蒂文·阿伯雷齐特（W.Steve Albrecht）。该理论认为企业舞弊行为的产生是由压力（pressure）、机会（opportunity）和自我合理化（rationalization）三个因素相互作用形成的，缺少其中的任何因素都无法构成企业财务舞弊。

压力因素是企业舞弊行为产生的直接诱因，主要包括企业内部员工的工作压力、企业外部的融资压力。当企业内外部的压力同时产生，或是企业经营状况不佳时，管理层无力实施有效措施去改善企业困境，就会产生刺激企业舞弊者的造假行为动机。如果企业内部管理中缺乏相互制衡等机制，就会为舞弊制造机会。这时，企业舞弊者会找到某个理由，使企业舞弊行为与内在的良心和道德规范等相符，最后通过虚假的报表来实施财务舞弊行为。

根据舞弊三角理论，康美药业财务造假的压力来自上市公司维持股价或融资的需求。财务报告造假，可以维持一个看上去不错的股价水平，从而使康美药业持股的高管和员工减持获取收益；还可以满足康美药业的股权融资、债权融资等融资需求。

从机会因素看，康美药业董事长、总经理、实际控制人马兴田与副董事长、常务副总经理许冬瑾系夫妻关系。康美药业的其他大股东也有其家族成员。董事与管理层职务兼容使得董事会丧失独立性，无法形成制衡，内控制度无法得到有效运行。

从自我合理化看，康美药业早期的财务情况虽屡遭质疑，但无确凿的证据，直至披露 2018 年年度报告时，康美药业以"核算账户资金时存在错误"为理由，合理化其 299 亿元现金造假的行为。

2. 可以快速判断做假账。

企业未按照"会计准则"等相关规定做账都叫做假账。财务造假的核心思路主要包括以下几种。一是企业将虚增的收入和费用计入利润表。虚增收入使费用资产化，目的是调高利润；虚增费用使资产费用化，为的是调低利润。二是企业将不愿计入利润表的费用和收入资产化，计入资产负债表。计入资产负债表的费用是为了增加利润；计入资产负债表的收入则是为了隐藏负债。三是从信息披露的时间看，上市公司年报披露时间为每年 1 月 1 日—4 月 30 日，大部分公司都是在最后时间披露，越晚报露的，越有造假的嫌疑。另外，"夫妻店""家族企业"中的不合常理的财务增长也要重点关注，留心其中是否存在做假账问题。

3. 证券纠纷特别代表人诉讼制度。

2020 年 3 月 1 日施行的《证券法》第九十五条第三款规定，投资者保护机构受五十名以上投资者委托，可以作为代表人参加诉讼，并为经证券登记结算机构确认的权利人依照规定向人民法院登记，但投资者明确表示不愿意参加该诉讼并向人民法院声明退出的除外。同年 7 月 31 日，最高人民法院正式发布《关于证券纠纷代表人诉讼若干问题的规定》（法释〔2020〕5号），自公布之日起施行。同日，证监会发布实施《关于做好投资者保护机构参加证券纠纷特别代表人诉讼相关工作的通知》指出，对于典型重大、社会影响恶劣的证券民事案件，投资者保护机构依法及时启动特别代表人诉讼。

这些法律法规表明，只要受损投资者不声明退出，即默认委托了投资者保护机构进行民事诉讼。也就是说，凡是符合索赔条件的投资者，都可以自动参与诉讼并有机会获得赔偿。

监管部门表示，资本市场实施证券纠纷特别代表人诉讼，有利于受损的中小投资者得到公平、高效的赔偿，也有利于推进资本市场全面深化改革、通过司法制度创新带动金融市场生态改善和社会治理效能提升。在相当长的一段时期内，我国证券市场的问题是违法违规成本与收益不成比例，违法违规成本有待提高。此次推行证券纠纷特别代表人诉讼制度有利于弥补以往证券民事赔偿救济乏力的制度短板，切实弥补投资者的损失。

2020年4月16日，中证中小投资者服务中心有限责任公司接受黄梅香等50名以上投资者委托，对康美药业启动特别代表人诉讼，向广州中院申请作为代表人参加诉讼。2021年4月16日，广州中院在其官网发布了特别代表人诉讼权利登记公告，正式将ST康美的普通诉讼转为特别代表人诉讼。这是我国首单证券纠纷特别代表人诉讼，是资本市场发展历史上的一个标志性事件。康美药业财务造假性质特别严重，社会影响恶劣，践踏法治，对市场和投资者毫无敬畏之心，严重损害了投资者的合法权益，严重破坏资本市场健康生态。ST康美作为第一单特别代表人诉讼案件，是市场和投资者共同选择的结果。

9.3 复盘与思考

本章选取的两个案例分别是 CAO 和康美药业。CAO 作为外国上市的中资企业，也曾被新加坡监管机构以虚假的"信息披露"的名义处罚过。虽不是 60 万元人民币的顶格罚款，但是足以令一个处在快速上升期的明星企业瞬间坍塌的严厉惩罚。不同的是，CAO 隐瞒信息是为了抗压，是为了挽救企业，不让投资者受损，并无个人得失的考量。

相比之下，康美药业也是红极一时的明星企业，从康美变成 ST 康美再到启动特别代表人诉讼，是重压之下企业走向变形再到不堪将要倒下的表现。其所求并非为国为民，而是为了一己之私。仅仅来自康美药业马某与许某夫妻之间的相互制衡，也完全不同于 CAO 对监督、决策、执行权三权分离等国际规则的执着仿效。虽然同样是失败，但一个已经重新起航，一个可能就此没落。这和国有企业和家族企业的企业性质没有关系，而是和本性初心有关。

第 10 章 | 信息系统

本章的主题是理解企业内部控制中的信息系统，了解并关注信息系统的开发、运行与维护中的风险问题。信息系统是由计算机硬件、网络和通信设备、计算机软件、信息资源、信息用户和规章制度组成的以处理信息流为目的的人机一体化系统。信息系统是现代科技发展的产物，经历了简单的数据处理信息系统、孤立的业务管理信息系统、集成的智能信息系统等发展阶段。

通过阅读本章内容，读者将对企业信息系统的建设、运行与维护以及应用中的风险有一个整体认识，初步了解应对企业信息系统风险的相关方法，学习如何加强信息系统风险管理，促进企业有效实施内部控制，加快实现企业发展战略。

10.1 中航油（新加坡）公司：建立风险管理信息系统

本案例围绕企业信息系统的建设与运行中的主要风险展开，对减少人为操纵因素、协助建立企业有效的信息与沟通机制、提高企业现代化管理水平具有重要的意义。

10.1.1 案例导读

在中航油事件前，CAO 期权交易均是按照国际惯例在网上进行。在重组过程中，CAO 以恢复油品国际贸易等核心业务为契机，引入 BP 亚洲投资有限公司等国际大型石油公司的培训机制，建立了风险管理信息系统。这个系统是 CAO 整个全面风险管理体系中的重要组成部分，通过信息技术手段，不断强化规章制度的执行力。

2007 年，按照《中央企业全面风险管理指引》要求，CAO 制定了相应的风险管理政策，稳步提高企业管理水平。2009 年，形成的整合前中后台的风险管理信息系统，能够及时、准确地评估市场风险值、量化敞口、信用敞口、应收账款等重要数据，同时可以捕捉交易过程中的主要风险，并采取适当的控制措施。

除了注重对信息系统日常的运行和维护，2013 年，CAO 投入大量的人力和财力，更新了比原有风险管理系统更为可靠和高效的新系统。新系统的主要优势有 3 个方面：一是支持全球化、多地点的贸易运作与风险管理，能够适应更多产品、更多用户的需求，同时能够保存不同时间点的风险估值结果；二是能够自动导入交易所的交易信息，这在交易数量不断增多的环境下显得尤为重要，也保证了交易数据更为及时、准确地输入系统；三是可以应对迅速增长的贸易数据与计算需求，自动过滤已经完全结束的交易，并且满足及时获得风险估值结果的预期。

10.1.2 问题聚焦

1. **信息系统**。作为一种重要管理手段，信息系统可以最大限度地利用现代高科技技术加强企业的信息管理，通过对企业拥有的人力、物力、财力、设备、技术等资源的调查了解，获得正确的数据，加工处理并编制成各种信息资料及时提供给管理人员，以便进行正确的决策，不断提高企业的管理水平和经济效益。不同企业由于所处发展阶段不同，信息系统的建设也处在不同阶段。美国管理信息系统专家诺兰（Richard L.Nolan）将计算机信息系统的发展道路划分为初始阶段、扩展阶段、控制阶段、集成阶段、数据管理阶段和成熟阶段等六个阶段。这就是诺兰模型的主要内容。任何组织在建立以计算机为基础的信息系统时，都必须从一个阶段发展到下一个阶段，不能实现跳跃式发展。诺兰模型源于大量实践的理论总结，是判断企业信息系统建设所处阶段的理论基础，对企业内部控制具有巨大的指导价值。

从案例中看，CAO 风险管理信息系统建设可以对应到诺兰模型的哪个阶段？

2. **企业信息系统与发展战略的关系**。随着信息技术的迅速发展，现代企业的管理越来越依赖于信息系统，没有信息系统的支撑，企业的生产运营就不能正常开展，有些互联网新兴行业如果没有信息系统，可能会难以运转下去。鉴于信息系统在企业现代化管理中具有独特而重要的作用，同时信息系统本身也具有复杂性和高风险性，企业内部控制相关制度规定企业负责人要对信息系统建设工作负责。也就是说，信息系统建设是"一把手"工程。只有企业负责人站在战略和全局的高度亲自组织领导信息系统建设工作，才能统一思想、提高认识、加强协调配合，从而推动信息系统建设在整合资源的前提下高效、协调推进。

从案例中看，CAO 是否从发展战略的高度重视信息系统？

3. **风险管理信息系统的建立和完善**。2006 年 6 月，针对当时中央企业风险意识淡薄、风险管理工作薄弱、风险防范机制缺失等问题，国资委发布《中央企业全面风险管理指引》要求中央企业要重视全面风险管理，明确什么是和怎么开展全面风险管理工作；同时，也将全面风险管理纳入央企及其负责人的考核中。有人把这份文件和美国《2002 年公众公司会计改革和投资者保护法案》（即《萨班斯-奥克斯利法案》（Sarbanes-Oxley Act，SOX）进行比较。这份文件是我国风险管理标志性指导文件。其中第八章规定了中央企业建立风险管理信息系统的基本要求。在此背景下，央企有一半以上明确表示要实施全面风险管理项目，但从具体落实效果上看，在国有企业完全实现信息技术的应用仍存在一定难度。有些信息系统建设不合理，可能造成信息孤岛或重复建设，导致企业经营管理效率低下。

从案例中看，CAO 在落实《中央企业全面风险管理指引》的要求以及建设风险管理信息系统的基本情况是什么？

4. **风险管理信息系统的运行和维护**。一个完整的风险管理系统应当主要考虑应用架构、数据架构和技术架构等。已建立或基本建立企业管理信息系统的企业，应当在已有系统的基础上，通过改进现有系统流程，建立完善的风险管理信息系统。尚未建立企业管理信息系统的，应把风险管理融入企业各软件的建设过程中。如果信息系统运行维护和安全措施不到位，可能导致企业信息泄露或受损，系统无法正常运行。按照内部控制的相关要求，企业应当加强信息系统运行与维护的管理，制定信息系统工作程序、信息管理制度以及各模块子系统的具体操作规范，及时跟踪、发现和解决系统运行中存在的问题，确保信息系统按照规定的程序、制度和操作规范持续稳定运行。

从案例中看，CAO 是如何加强信息系统的运行和维护的？

5. 信息系统的评估与更新。风险管理信息系统的稳定和安全将直接影响企业对风险的控制能力，如果处理不好，可能会导致系统无法正常运行，也会给企业带来巨大损失，严重的还会制约企业的整体发展。按照内部控制的相关要求，企业应积极开展信息系统风险评估工作，定期对信息系统进行安全评估，及时发现系统安全问题并加以整改；同时，根据实际需要不断进行改进、完善或更新。

从案例中看，CAO 是如何对信息系统进行评估与更新的？

10.1.3 问题应对思路与问题解决

1. 信息系统。从案例中看，CAO 风险管理信息系统建设可以对应到诺兰模型的哪个阶段？

从解决思路上看，需要明确，西方信息系统建设理论未必完全适合我国企业。CAO 作为外国中资企业，地处新加坡，和国内的企业相比，又有一定的特殊性。因此，要在理解诺兰模型的基础上，结合 CAO 的情况进行具体分析判断。

从解决对策上看，CAO 的风险管理信息系统属于管理信息系统，是运用信息技术对风险进行管控的系统。管理人员借用信息技术工具嵌入业务流程，能够实时收集相关信息，对风险进行识别、分析、评估、预警，识别并处理现实的或者潜在的风险，控制并降低风险所带来的不利影响。CAO 在整合前中后台的风险管理信息系统的基础上，投入大量人力和财力，不断更新原有系统，既可以支持全球化、多地点的贸易运作与风险管理，也能够自动导入交易所的交易信息，同时可以自动过滤已经完全结束的交易，及时获得风险估值结果。从整体上看，CAO 信息系统建设的阶段大致处于第四和第五个阶段之间，即集成阶段和数据管理阶段之间，属于较高级别的管理信息系统。

2. **企业信息系统与发展战略的关系**。从案例中看，CAO 是否从发展战略的高度重视信息系统？

从解决思路上看，重点是以中航油事件为界，结合案例具体情况，对前后的信息系统进行分析。

从解决对策上看，CAO 重视信息系统建设。在中航油事件前，陈久霖按照国际惯例将风险管理系统作为企业整体信息化建设的一部分，和企业其他生产、经营系统一样统一规划，统筹安排，其金融衍生品业务通过信息系统交易。中航油事件后，CAO 董事会以恢复运作油品国际贸易等核心业务为契机，引入 BP 亚洲投资有限公司等国际大型石油公司的培训机制，投资建立风险管理信息软件系统，强化风险管理。BP 亚洲投资有限公司作为世界领先的能源企业，其安全与运营风险部门有权介入 BP 技术面的所有活动。BP 亚洲投资有限公司每年用于系统开发和系统实施的预算都高达数十亿美元。在 BP 投资亚洲有限公司的帮助下，CAO 的信息系统建设在很多方面也体现出世界一流企业的某些特征。同时，根据《中央企业全面风险管理指引》要求，CAO 积极与外部软件开发供应商合作，不断开发新系统，进一步满足公司的风险管理需求。

3. **风险管理信息系统的建立和完善**。从案例中看，CAO 在落实《中央企业全面风险管理指引》的要求以及建设风险管理信息系统的基本情况是什么？

从解决思路上看，CAO 是在新加坡上市的公司，同时也是 CNAF 的子公司。尽管今天来看全面风险管理并不陌生，但是当时 CAO 能把这项要求落到实处，并不容易。

从解决对策上看，《中央企业全面风险管理指引》是在总结国有企业的经验、损失、教训的基础上，参考国际经验和国际做法制定的，具有较强的前瞻性和指导性，不仅适用于中央企业，也适合其他企业和组织。中央企业的确在企业产权及治理结构，以及管理信息系统的建立和完善上还存在着相当大的难度。

CAO 在重组过程中，通过借鉴 BP 亚洲投资有限公司等国际石油公司经验和按照《中央企业全面风险管理指引》的要求，结合企业所处阶段，制定信息系统开发的战略规划和中长期发展计划，增强信息系统建设的科学性。同时，CAO 注重调动和发挥业务部门参与的积极性，加大投入力度，有序组织信息系统开发、运行与维护，使战略规划与企业的实际发展情况相匹配，优化管理流程，防范经营风险，全面提升企业现代化管理水平。

4. 风险管理信息系统的运行和维护。从案例中看，CAO 是如何加强信息系统的运行和维护的？

从解决思路上看，信息系统的开发运行和维护是一个企业信息系统的基本流程。由于中航油事件后，CAO 加强了风险管理，因此，信息系统的运行和维护也有一些特殊性。

从解决对策上看，CAO 在信息系统的运行和维护上有个比较典型的特点，就是在确保风险管理信息系统的稳定运行和安全的前提下，会根据实际的业务需要不断对信息系统进行改进、完善或更新。

在重组过程中，CAO 通过开展全面风险管理活动，去识别、量化、应对和监控全公司范围内存在或潜在风险，在此基础上，积极与外部软件开发供应商合作，开发辅助软件来满足公司的风险管理需求。CAO 董事会强调只有在完成了风险管理系统的测试和改进才会开展新业务。其通过对工作流程的回顾，对风险管理系统软件不断改进，使系统软件更具适应性，也使业务流程更具灵活性。

在重组后，CAO 将信息系统与具体工作流程进行实际演练，通过实践及时修正出现的问题。在其 2010 年年度报告中，首席执行官指出在过去几年里，CAO 持续投入信息系统等建设，以建设一个整合前中后台的风险管理信息系统。这个系统能够及时跟进交易，用于风险报告、财务报告、结算和信用敞口管理，捕捉交易过程中的主要风险，并采取适当的风险缓解控制措施。

CAO 的上述做法是执行《中央企业全面风险管理指引》的规定，同时也与 BP 亚洲投资有限公司的信息系统做法有关。BP 亚洲投资有限公司在管理过程中，特别是在风险识别和分析过程中，特别重视信息系统的应用。当一个支持业务的战略性解决方案明确后，就会在信息系统中实施应用。

通过风险管理信息系统的建设，CAO 能够及时、准确地评估市场风险值、量化敞口、信用敞口、应收账款等重要数据，使得信息系统的有效性大为增强。

5. 信息系统的评估与更新。从案例中看，CAO 是如何对信息系统进行评估与更新的？

从解决思路上看，风险管理对 CAO 意义重大，因此 CAO 比一般企业更加重视信息系统建设的评估及更新。为了评价信息系统的有效性，CAO 通过自评和外评相结合的方式，对风险管理信息系统进行了评估，并获得了肯定评价。

从解决对策上看，CAO 对信息系统进行评估主要通过自评和外评相结合的方式，比如，通过对覆盖前中后台的风险管理信息系统进行评估，以检测其在未来发展中与公司更多业务的适用性。通过评估反馈，CAO 再进行有针对性的改进。

CAO 为了迎接向全球化拓展的挑战，2013 年投入大量的人力和财力，更新了比原有企业贸易与风险管理系统更为可靠和高效的新系统。新系统支持全球化、多地点的贸易运作与风险管理，能够适应更多产品、更多用户的需求；能够保存不同时间点的风险估值结果；能够自动导入交易所的交易信息，这在交易数量不断增多的环境下显得尤为重要，也保证了交易数据可以及时、准确地输入系统，可以应对迅速增长的贸易数据与计算需求；能自动过滤已经完全结束的交易，并且满足及时获得风险估值结果的预期。

2014 年国资委办公厅发布的《关于 2014 年中央企业开展全面风险管理工作有关事项的通知》指出，要进一步提升风险管理信息系统与其他业务管理信息系统的集成度，整合信息资源，打破信息孤岛，不断提高风险管理信息化水平；要探索建立知识信息共享平台，促进全集团、全行业范围内的知识和信息传播与共享。与这些要求相比，CAO 信息系统的更新已经达到了预期目标。

10.1.4 知识延伸

1. 从事信息系统管理需不需参加信息系统项目管理师考试。

从事信息技术的项目管理或者软件开发需要一定的资格。信息系统项目管理师是申请项目经理的必要条件。信息系统项目管理师是全国计算机技术与软件专业技术资格（水平）考试中的高级水平测试。这个考试是国家人力资源和社会保障部、工业和信息化部领导下的国家级考试，目的是科学、公正地对全国计算机与软件专业技术人员进行职业资格、专业技术资格认定和专业技术水平测试。全国共设置了 27 个专业资格，涵盖 5 个专业领域，3 个级别层次（初级、中级、高级），信息系统项目管理师属于最高层次，高级资格的合格率约 20%，整体来看，含金量比较高。

根据原人事部、原信息产业部文件（国人部发〔2003〕39 号）规定，计算机技术与软件专业技术资格（水平）考试，纳入全国专业技术人员职业资格证书制度的统一规划，实行全国统一大纲、统一试题、统一标准、统一证书的考试办法，每年 5 月和 11 月举行两次。考试设置的科目包括信息系统项目管理综合知识、信息系统项目管理案例分析和信息系统项目管理论文。通过考试的合格人员说明能够掌握信息系统项目管理的知识体系，具备管理大型、复杂信息系统项目和多项目的经验和能力；能根据需求组织制订可行的项目管理计划；能够组织项目实施，对项目的人员、资金、设备、进度和质量等进行管理，并能根据实际情况及时做出调整，系统地监督项目实施过程的绩效，保证项目在一定的约束条件下达到既定的项目目标；能分析和评估项目管理计划和成果；能在项目进展的早期发现问题，并有预防问题的措施；能协调信息系统项目所涉及的相关人员；具有高级工程师的实际工作能力和业务水平。

通过考试后，用人单位可根据工作需要从获得证书的人员中择优聘任相应专业技术职务。该考试既是职业资格考试，又是职称资格考试。

同时，该考试还具有水平考试性质，报考任何级别不需要学历、资历条件，只要达到相应的专业技术水平就可以报考相应的级别。考试合格者将颁发由中华人民共和国人力资源和社会保障部、工业和信息化部用印的计算机技术与软件专业技术资格（水平）证书。该证书在全国范围内有效。

2. 学会使用《第 3205 号内部审计实务指南——信息系统审计》。

《第 3205 号内部审计实务指南——信息系统审计》是中国内部审计协会根据《中华人民共和国网络安全法》《内部审计基本准则》《第 2203 号内部审计具体准则——信息系统审计》《信息技术服务、治理、安全审计》等标准制定的指南。制定的原因在于随着我国信息技术的不断发展，相关组织根据实际工作需要开展建设的信息系统也越来越多，传统的内部审计加快由查凭证、翻账簿、看报表等方式向利用信息系统的方式转变。但是，当前具有信息技术专业背景的内部审计人员较少，信息系统审计的实践也相对偏少，实务工作中对信息系统缺少统一的依据和参考。使用指南可以帮助使用者解决信息系统审计实践中遇到的问题和困惑，拓宽视野，打开思路，提高审计工作效率和质量，更好地为组织的战略目标服务。

该指南共分六章：第一章介绍了信息系统审计的基本概念、内容体系和审计程序等基础理论，提供关于信息系统审计的总体概念框架；第二章介绍了组织层面信息系统管理控制审计，组织层面信息系统管理控制是企业信息化设计与建设的关键；第三章介绍了信息系统一般控制审计；第四章介绍了信息系统应用控制审计；第五章介绍了信息科技外包审计等信息系统相关专项审计；第六章介绍了信息系统审计的质量控制。附录包含指南中的相关术语、主要法规参考标准及相关实务案例。

指南立足于审计实务，解决实际问题，以风险为基础，以内部控制为重点，尽可能减少使用复杂的专业术语，深入浅出，方便应用和操作，涵盖了当下信息系统审计的大部分内容。同时，指南根据信息化不断演进变化的实际情况做适当拓展，使用者能看到常见的信息系统审计内容，而且能了解到云安全、数据安全、移动互联网安全、物联网安全等新兴的审计内容。

对从事信息系统审计工作的人员来说，指南可以作为工具书。对了解和学习信息系统审计知识经验的人员来说，指南可以作为教科书，全面系统地补足短板。对其他组织或者人员接受委托、聘用，承办或者参与内部审计业务的人员来说，指南可以作为参考的工作标准，帮助其为客户交付更好的审计成果。对信息系统的设计者、建设者或管理者来说，指南可以帮助解决工作中的审计问题。

3. 中小企业内部控制是否一定需要信息系统建设？

毋庸置疑，信息系统能促进企业有效实施内部控制，提高企业现代化管理水平，是否所有的企业都要引入信息系统建设呢？我国各类企业有数千万家，从家庭作坊式企业到世界 500 强企业应有尽有。对中小型企业来说，任用有血缘关系的员工，或者管理者亲力亲为实际是内部控制更为有效的实现形式。从短期看，这些企业不需要制衡，也不需要内部控制，甚至也不需要使用高科技的信息系统。

同时，内部控制也有成本收益原则。当内部控制或信息系统控制的成本超出收益时，内部控制将没有必要存在，信息系统自然也随之取消建立。

此外，内部控制的出现是为了防止舞弊等现实问题，如果企业现阶段业务管理水平较简单，或者基本的管理尚未理顺，如果直接进行信息系统建设，可能会给企业增加负担，导致企业的整体效率反而不如转型之前。在这种情况下，内部控制和信息系统同样可以暂缓上马。

因此，不管是内部控制本身也好，还是达到内部控制的信息系统也好，都只是手段而不是目的，如果手段与目的本末倒置，这本身就是风险。

换个角度看，信息系统本身也有自己的局限性，比如擅长逻辑运算，而不擅长模糊运算。信息系统可以减少人为操纵因素，但无法解决操作信息系统的人欠缺相应的素质和能力的问题。同样，如果企业的发展战略的定位和方向有误，强化内部控制和信息系统建设，同样无法达到促进企业稳步发展，提高企业管理水平的效果。

当然，这并不是否定信息系统。信息化是大势所趋，有条件的企业还是要尽快接入，没有条件的企业则要加紧学习，提前准备，至少知道信息系统的一些基本概念和原理。为了规避内部控制中的人为操纵因素，管理者引入了信息系统，而信息系统的有限，则进一步让我们看清管理的有限，在明确自身的能力边界后，可以在这个范围里将自己的优势充分发挥到极致。

10.2 招商银行：先进的北斗系统

本案例围绕企业信息系统中的主要风险展开，对提升企业经营管理效能，在激烈的国内外市场竞争中保持健康可持续发展具有重要的意义。

10.2.1 案例导读

招商银行成立于 1987 年，为招商局集团下属公司，是我国境内第一家完全由企业法人持股的股份制商业银行，也是我国 A 股市值第五的上市银行。招商银行是拥有商业银行、金融租赁、基金管理、人寿保险、境外投行等金融牌照的银行集团。招商银行以"为中国贡献一家真正的商业银行"为使命，将自己定位为"金融科技银行"，率先践行数字化转型，打开生态化经营的发展空间。截至 2020 年末，招商银行总资产规模达 8.36 万亿元，全年营业收入 2 904.82 亿元，连续 9 年入榜《财富》世界 500 强，2020 年列第 189 位，在全球银行 1 000 强榜单中位列第 17 位。

作为首家将金融科技投入写入公司章程的商业银行，招商银行相关投入逐年加大。2020 科技投入 119.12 亿元，同比增长 27.25%，是营业收入的 4.45%。具体到金融科技，每年金融科技的整体预算额度按上年度营业收入的 3.5% 来核定，2020 年是 94 亿元。这在银行中较为少见。

招商银行提出"一体两翼"，即以零售金融为"一体"，公司金融和同业金融为"两翼"。先进的信息系统是招商银行战略转型的技术保证。招商银行高度重视信息系统规划及建设，从早期的会计电算化到业务电子化再到全行主机大集中，招商银行已基本建成覆盖客户、渠道、产品、账务、管理等领域的较为完整的银行信息系统。按照《金融科技（FinTech）发展规划（2019—2021 年）》的指导思想，招商银行根据自身的整体战略目标和信息技术发展规划，在广泛汲取国内外同业成功经验的同时，结合自身业务的特点，启动并实施了全业务流实时监测及运营平台项目北斗系统。作为招商银行数字化建设的基础，该项目以用户为中心，运用支持每秒千万级日志量的实时处理能力，服务行内业务与科技体系，在提升业务营销效率、用户体验、科技工程效率，增强运维告警监测时效性与提高其准确率等方面发挥了重要作用，为金融业在业务实时感知运营管理上提供了成功案例。

10.2.2 问题聚焦

1. 北斗系统与企业管理。信息技术架构作为企业架构的基础，支撑着上层业务架构的建设与发展，进而促进顶层愿景和战略的顺利实施。以银行为代表的传统金融机构信息化工作起步较早。早期集中式架构较好地支持了客户管理、存贷款、支付结算、投资理财等业务开展，近年来金融产品和服务模式的持续变革，对金融机构基于业务运营的技术架构转型提出了新的要求。信息系统对于银行服务的基础支撑作用日趋关键。

从案例中看，全业务流实时监测与运营平台——北斗系统在招商银行管理中的地位是什么？

2. 信息系统的规划。制定信息系统开发的战略规划是信息系统建设的前提。如果企业缺乏系统思维，导致战略规划不合理，企业财务管理信息系统、销售管理信息系统、生产管理信息系统、人力资源管理系统、办公自动化系统等不相互配合，可能会造成信息孤岛或重复建设，削弱了信息系统的协同效用，影响企业经营管理。所以，企业内部控制相关规定明确要求，企业应当根据发展战略和整体目标，明确企业总体信息需求，制定信息系统建设的规划，充分调动各部门积极参与，避免脱节，有序组织信息系统开发、运行与维护，促进企业有效实施内部控制，全面提升企业现代化管理水平。

案例中的招商银行在信息系统规划方面的基本情况是什么？

3. 信息系统的设计与实施。信息系统的开发是企业信息活动的重要基础，技术难度大、要求高，直接决定着企业的信息技术水平。企业应当对内部相关业务部门进行需求分析，调查信息系统应具备的属性和功能，同时以适当的方式呈现出来，使业务人员也能正常使用。在此基础上，企业应明确系统架构、内容、模块、界面和数据等。企业要注意将生产经营管理业务流程、关键控制点和处理规则嵌入系统程序，实现手工环境下难以实现的控制功能。

从案例中看，招商银行信息系统的开发建设是否符合要求？

4. 信息系统的使用及效果。按照《企业内部控制基本规范》规定，企业应当利用信息技术促进信息的集成与共享，充分发挥信息技术在信息与沟通中的作用。这说明信息系统控制目标的首要目标是促进企业有效实施内部控制，减少人为操纵因素，提高企业现代化管理水平。

案例中全业务流实时监测与运营平台——北斗系统的实施是否发挥了应有的作用？

5. 信息系统建设之审计。招商银行全业务流实时监测与运营平台——北斗系统作为招商银行数字化建设的基础，服务行内业务与科技体系，在提升业务营销效率、用户体验、科技工程效率，增强运维告警监测时效性与提高其准确率等方面发挥了重要作用，是一个综合的信息系统。

如果要评价案例中的北斗系统，应该从哪些方面进行评价？

10.2.3 问题应对思路与问题解决

1. 北斗系统与企业管理。从案例中看，全业务流实时监测与运营平台——北斗系统在招商银行管理中的地位是什么？

从解决思路上看，招商银行提出"科技立行"，在信息系统的投入不断加大。目前招商银行战略转型已进入下半场。上半场确立了转型目标、方向、路径，推进了组织架构改革和结构调整。下半场则旗帜鲜明地把探索数字化经营模式作为主攻方向，推动业务发生重大变化。因此，既要明白全业务流实时监测与运营平台——北斗系统是什么，其次，也要看到这个系统的意义。

从解决对策上看，作为战略性基础性项目，招商银行北斗系统参考地图与导航，提出信息技术架构转型的新方法论。地图提供应用数据的基础信息与关系链；导航提供动态流转信息的链路、实时监测与统计分析。地图与导航的能力结合，充分发挥数据在提高用户体验与业务运营方面的作用，解决了银行复杂应用部署架构下业务链路追踪的难题，为主机下移，业务全面上云又快又稳的目标打下了坚实的基础。

北斗系统是招商银行最高管理层对于金融科技引领变革管理思想框架的体现，通过管理流程与技术的运用、组织架构和人员的调整与配置加以贯彻落实。在"轻型银行"的转型过程中，招商银行坚持科技是唯一可能颠覆商业银行经营模式的力量，要真正实现"轻经营"和"轻管理"，就必须依靠科技力量。因此，全业务流实时监测与运营平台——北斗系统建设已成为招商银行最重要的核心竞争力之一，在支撑业务发展和管理变革中发挥着重要的作用。

2. 信息系统的规划。案例中的招商银行在信息系统规划方面的基本情况是什么？

从解决思路上看，信息系统的规划十分重要，招商银行不会为规划而规划，应该会将信息系统规划作为发展战略的重要手段。

从解决对策上看，招商银行在发展过程中一直秉持科技兴行的发展战略，十分注重信息系统的规划建设工作。2016 年招商银行战略委员会研究制定了《招商银行发展战略规划（2016—2020）》，明确"打造成为创新驱动、零售领先、特色鲜明的中国最佳商业银行"的发展愿景，此后金融科技投入逐年增加。信息科技投入主要投向系统运营、电子设备和软件采购、信息科技人力资源配置、信息科技咨询和基础设施建设等方面。截至 2020 年，全行累计立项金融科技创新项目 2106 个，其中1374 个项目已投产上线，覆盖零售、批发、风险等各个领域。

招商银行总行层面将战略规划与执行部更名改组为"金融科技办公室"，统筹管理与推动包括信息系统开发建设等在内的金融科技工作。2019 年为应对我国银行业面临的业务场景、消费者需求与技术应用快速变化带来的挑战，招商银行在广泛汲取国内外同业成功经验的同时，结合自身业务的特点，启动了全业务流实时监测及运营平台——北斗系统项目。这个项目在总结以往基于核心交易日志文件的单点监测和以旁路网络流量为基础的多点监测建设的基础上，采用基于分布式交易链路追踪理论的端到端监测，逐步实现从核心交易级别，到渠道 + 核心流量级别，到目前的全业务流级别的升级发展。

作为一项复杂的系统性工程建设，全业务流实时监测与运营平台——北斗系统项目涉及招商银行信息技术部与众多业务部门的协作配合。其中一项核心工作就是推动招行存量重要业务系统进行链路追踪改造，实现链路追踪接入通讯规范和日志规范。

3. 信息系统的设计与实施。从案例中看，招商银行信息系统的开发建设是否符合要求？

从解决思路上看，招商银行的信息系统建设一直走在各大银行前列。这里的符合要求，主要应该更侧重于全业务流实时监测与运营——北斗系统项目是否达到了决策管理层的要求。

从解决对策上看，招商银行信息系统的开发建设符合要求。从早期的会计电算化到业务电子化再到全行主机大集中，招商银行已基本建成覆盖客户、渠道、产品、账务、管理等领域的较为完整的银行信息系统。

在金融科技立行的指导思想下，招商银行将全业务流实时监测与运营平台——北斗系统的建设作为金融科技引领变革管理思想框架的体现，是战略性的基础性项目。

全业务流实时监测与运营平台——北斗系统在设计中要打通纵向上不同系统逻辑层之间的调用路径，即地图的"经线"，也要打通横向上关联业务逻辑层之间的流转路径，即地图的"纬线"，再配合"导航"系统，使用者可实时还原和呈现业务请求在地图"经纬线"上的流转轨迹。有了应用地图数据，科技信息技术人员可以完成应用全生命周期的管理、运营和运维工作。对于业务人员，通过面向业务的零编码可视化平台，转化成业务人员可读可视的业务形态数据，如同卫星导航系统，降低了业务人员使用应用地图的门槛，为业务人员提供了自助化按需构建业务运营专题的能力，可以帮助各类业务系统的产品经理、运营团队，持续监测并改善各业务流程环节时效问题，提升产品设计水平和更新迭代速度。

在金融风险监测方面，全业务流实时监测与运营平台——北斗系统对关键业务流进行动态监测，精确到每笔的实时业务监测与还原能力，能有效地发现高风险事件，进而降低系统业务风险，避免经济损失。核心技术自主可控方面：一是为银行主机下移提供了基础的运维保障，破除了监控部分存在的技术隐患；二是为银行应用微服务监控系统的演进提供了成功的案例与范本；三是为银行分布式架构应用提供核心监控能力；四是为适应银行基础设施云化的未来发展战略提供云端监控保障手段。

4. 信息系统的使用及效果。案例中全业务流实时监测与运营平台——北斗系统的实施是否发挥了应有的作用？

从解决思路上看，首先要明确这个系统属于先进的信息系统。但是，这些技术在信息系统的建设中仍有不断完善改进的空间。各个数据库及子信息系统之间相互切换，也涉及权限和安全问题。因此，判断的关键是否对当下的业务有提升，以及在数字化转型的过程中是否有所突破。

　　从解决对策上看，招商银行在"轻型银行"的转型过程中，重点关注提升客户服务体验与精细化的业务运营。全业务流实时监测与运营平台——北斗系统项目提出地图与导航的架构转型新方法论，创新地把数据与数据间关系（数据知识图谱）、业务流实时动态监测应用到客户服务体验与业务运营中，并且把科技对业务的影响形象化地表达出来。项目在系统可用性、科技效率、风险控制、用户体验、业务增长、营销等方面取得了较好效果，成为招商银行科技工作由"被动响应"到"主动运营"转变中的重要一步。

　　在系统可用性效益方面，自项目投产实施起，核心账务系统整体可用性达 99.999755%；手机银行可用性达到 99.999871%，同业内排名第一。

　　在科技效率效益方面，监控排障时间提升至少 5 倍；有效告警发现率提升 13.56 倍；架构风险与隐患发现从周级缩短到分钟级；支付系统架构优化效率提升 3 倍。

　　在风险控制效益方面，其为托管银行日均处理交易金额超 1500 亿元的资产托管业务系统全年零故障保驾护航；为聚合支付支撑总交易金额超 110 亿元，总交易笔数超 5500 万笔。

　　在用户体验效益方面，线上客户报障定位从小时级提升到分钟级；为招行 App 的 2 亿零售用户提供了良好用户体验，提升日活量、月活量。在业务增长效益方面，上海分行闪电贷营销活动贷款新建额提升 2~50 倍；上海分行某理财产品购买率提升 1284%；信贷工厂的运行效率由此大大提高了，进一步提升了招行在小企业金融业务领域中的地位。

　　在营销收益方面，提供全旅程用户数据营销回流分析能力，为招行一年超过万次的零售营销提供优化决策建议。

　　作为战略性基础性项目，招商银行全业务流实时监测与运营平台——北斗系统通过管理流程与技术的运用、组织架构和人员的调整与配置来加以贯彻落实，从业务流的视角进行监控，属于较为先进的信息系统。

获得中国人民银行"2019 年度银行科技发展奖"二等奖。银行科技发展奖是我国金融行业唯一的部级奖项，对促进我国金融行业科技和服务创新具有重大意义，一直以来受到银行同业的高度重视。

　　5. 信息系统建设之审计。如果要评价案例中的北斗系统，应该从哪些方面进行评价？

　　从解决思路上看，北斗系统属于比较先进的系统，综合了大数据、区块链、云计算以及人工智能等高新技术，对内部控制从业人员来说，受限于专业知识，单纯从企业管理的角度不易得到一个理想的答案。因此，需要借助相关领域的经验，包括资源进行判断。

　　从解决对策上看，可以根据《企业内部控制基本规范》《企业内部控制应用指引第 18 号——信息系统》等内部控制的相关规定，还可以参考中国内部审计协会《第 3205 号内部审计实务指南——信息系统审计》。北斗系统大致对应信息系统一般控制审计和信息系统应用控制审计。其中，信息系统一般控制审计主要包括应用系统开发、测试和上线审计，信息系统运维与服务管理审计、信息安全管理审计。应用控制涉及各种类型的业务，每种业务及其数据处理有其特殊流程的要求，这就决定了具体的应用控制的设计需结合具体的业务，但一般都包括业务流程控制、数据应用控制，以及信息共享与业务协同控制三方向的内容。信息系统应用控制审计可围绕这三个方向进行评估。

10.2.4 知识延伸

　　数字化时代已经到来，以大数据、云计算、区块链和人工智能等为代表的新技术正在与企业加快融合，在为企业管理带来便捷的同时，也带来了更加复杂多变的风险和问题。这对企业内部控制构建全面智能化、现代化的风险管理提出了更高的要求。

1. 什么是数字化转型伙伴行动（2020）？

2020 年 5 月 13 日，国家发展改革委联合 17 个部门以及互联网平台、行业龙头企业、金融机构等 145 家单位，共同启动了"数字化转型伙伴行动（2020）"，同时发布了。《数字化转型伙伴行动倡议》针对新冠疫情情况下广大中小微企业纾困脱困的现实需求，国家发展改革委以搭建"中央部委—地方政府—平台企业—行业龙头企业—行业协会—服务机构—中小微企业"联合推进机制为核心，创新性地构建起政府和社会各界联手开展数字化转型精准帮扶的生态体系，助力中小微企业应对危机。主要内容包括加强针对数字化转型共性解决方案的研发、开放普惠化的数字化转型产品和服务、探索通过共享经济模式开放数字化转型资源、多方联合形成一体化、全链条转型服务能力，共同营造公平、健康的良性竞争机制。

2. 流行的数字化转型。

数字化转型是一个面向实际问题、解决问题的过程，其本质上是业务的转型。数字化转型是对流程、场景、关系、员工等业务进行的重新定义，内部实现全面在线操作，外部适应各种变化，从前端到后端，全面实现无须人工介入的自动化和智能化，最终创造价值。如果企业只是把所有资料转数据，所有数据转到线上，这不是完整的数字化转型。企业如果明确了向智能化转型，进行有针对型的转型，数字化转型才算真正达到了转型效果。

作为我国第一家由企业创办的商业银行，招商银行十分重视科技金融，曾一度提出"把银行当 IT 企业经营"的思想。2004 年，国内银行业整体还处于发展对公业务阶段，以批发业务为主。在不依靠信息系统的情况下，招商银行率先在国内推出"一卡通"，取代存折，实现联网通兑。在此基础上，招商银行提出"一次转型"。2014 年，随着宏观经济增速下行、互联网金融快速发展以及银行产品同质化现象严重等问题日渐凸显，招商银行提出"二次转型"，打造"轻型银行"的战略转型目标，以客户和科技为主线，实现"质量、效益、规模"动态均衡发展。通过"二次转型"，招商银行率先走出以规模取胜的竞争阶段，利润和市值都大幅领先同等规模的银行。2017 年招商银行零售客户过亿，2019 年招商银行 APP 用户破亿，这为招商银行拓宽发展空间。全业务流实时监测与运营平台——北斗系统作为招商银行数字化转型的基础，解决了银行复杂应用部署架构下业务链路追踪的难题，为主机下移，业务全面上云又快又稳的目标打下了坚实的基础，为银行业的数字化运营走出了一条全新道路。

3. 数字化转型需要构建更全面的风险控制体系。

数字化时代银行风险管理的本质和逻辑没有改变，但数字化却给内部控制带来了很多新问题。各类风险借助高科技互联互通，传播速度加快，叠加共振更加明显，甚至牵一发而动全身，给企业造成巨大而深远的影响。内部控制要从数字化角度重新理解风险控制，用数字化的方法辅助完成风险控制。

对业务的深刻理解、对风险的分析与评估以及对大数据等技术的应用，三者的深度融合是数字化风险控制的要点。招商银行在数字化风险控制建设过程中，通过打造大资信实时风险决策引擎，整合信息资源，加强风险演变趋势预判，搭建风险大数据平台，整合 15 类外部数据和客户在 3 年内的交易数据，建立公司客户关系图谱和智能预警体系。招商银行还通过风险预警等全生命周期过程管理，强化对消费信贷、房地产、地方政府融资平台等重点领域的风险管控，构建起全新一代的实时智能反欺诈平台，实现了智能决策与智能管控的双核智能体系。

10.3 复盘与思考

    本章选取的两个案例分别是 CAO 和招商银行。两者同是大型国有企业，一个是用信息系统强化风险管理，一个是借数字化转型扩大银行利润；一个是在那个时代追世界大势之先机，一个是在当下时刻接历史发展之潮流。从体量上看，招商银行大于 CAO，在信息技术可以加强企业管理的基本看法上，两家保持高度的一致。

    或许是信息技术自带的先进气质，两个企业信息化都是为了符合监管要求，但在进程中却超越了这一最初目标。成功的企业大多是一样的，都抓住了企业管理背后的规律和大势，而规避了可能会让企业走向风险和问题的道路。所以，信息系统虽不是战略，但却以一种特别的方式彰显了企业发展的定位和方向。

参考文献

[1] 中华人民共和国财政部，中国证券监督管理委员会，中华人民共和国审计署等．企业内部控制基本规范 企业内部控制配套指引 [M]. 上海：立信会计出版社，2021.

[2] 企业内部控制编审委员会．企业内部控制主要风险点、关键控制点与案例解析 [M]. 上海：立信会计出版社，2021.

[3] 刘晓波，秦捷，舒文存．企业内部控制 [M]. 北京：清华大学出版社，2021.

[4] 穆勒．新版 COSO 内部控制实施指南 [M]. 秦荣生，张庆龙，韩菲，译．北京：电子工业出版社，2019.

[5] 冷冰．企业内部控制与风险管理 [M]. 长春：吉林大学出版社，2018.

[6] 郑洪涛，张颖．企业内部控制学 [M]. 大连：东北财经大学出版社，2018.

[7] 陈九霖．地狱归来 [M]. 北京：中国经济出版社，2015.

[8] 吴晓波．大败局 [M]. 杭州：浙江人民出版社，2010.

[9]（英）亚当·斯密．国民财富的性质和原因的研究 [M]. 郭大力，王亚南，译．北京：商务印书馆，2003.

[10] 求是杂志调研小组．"走出去"战略棋盘上的过河尖兵——中国航油（新加坡）股份有限公司的调查报告 [J]. 求是,2003（22）:54-56.

[11] 刘颖．如何看待"齐二药"民事赔偿案一审判决 [J]. 医院管理论

坛 ,2008（8）:24.

[12] 延红梅 . 民族品牌与国际化 : 中国信用评级业的发展之路——访大公国际资信评估有限公司总裁关建中 [J]. 中国金融 ,2006（16）:25-26.

[13] 中国航油（新加坡）股份有限公司 . 中国航油（新加坡）股份有限公司 2006—2020 年年度报告 [R]. 新加坡，2020.

[14] 中国航油（新加坡）股份有限公司 . 中国航油（新加坡）股份有限公司 2017—2020 年可持续发展报告 [R]. 新加坡，2020.

[15] 中国航空油料集团有限公司 . 中国航空油料集团有限公司 2013—2019 年企业社会责任报告 [R]. 北京，2019.

[16] 美的集团股份有限公司 . 美的集团股份有限公司 2013—2020 年年度报告 [R]. 佛山，2019 .

[17] 阿里巴巴集团 . 阿里巴巴集团 2020—2021 财政年度报告 [R]. 杭州，2021.

[18] 中化国际 (控股) 股份有限公司 . 中化国际 2015—2020 年度可持续发展报告 [R]. 上海，2021.

[19] 德胜公司 . 嘉奖令 [EB/OL]. 2010-01-01.

[20] 南方周末 .2021 中国企业社会责任调研正式启动 [J/OL].2021-03-11.

[21] 马靖昊说会计 . 分析财务报表的核心点 [J/OL].2021-03-18.

[22] 全球善商 . 赵晓教授带您一起走进德胜洋楼 [J/OL].2019-04-30.

[23] 战略与经营落地之道，万字雄文诠释美的集团战略部门创造价值的秘诀 [J/OL].2020-04-30.

[24] 何加盐，史玉柱 . 从巨人到大闲人 [J/OL].2020-12-06.

[25] 北斗网 . 北斗卫星导航系统介绍 [J/OL].2017-03-16.

[26] 金融电子化 . 全业务流实时监测与运营平台——招商银行北斗系统建设实践 [J/OL]. 2021-03-10.

[27] 中国证券监督管理委员会 . 中国证监会行政处罚决定书（獐子岛

集团股份有限公司、吴厚刚等 16 名责任人员）[EB/OL].（2020-06-15）.

[28] 中国证券监督管理委员会.中国证监会市场禁入决定书（吴厚刚、梁峻、勾荣、孙福君）[EB/OL].（2020-06-15）.

[29] 中国证券监督管理委员会.中国证监会行政处罚决定书（康美药业股份有限公司、马兴田、许冬瑾等 22 名责任人员）[EB/OL].（2020-05-13）.

[30] 中国证券监督管理委员会.中国证监会市场禁入决定书（马兴田、许冬瑾、邱锡伟、庄义清、温少生、马焕洲）[EB/OL].（2020-05-13）.

后　记

本书源于实际工作中的长期思考，中航油事件原来只是其中一个特殊的案例。我有一天早晨醒来，站在当时的历史处境思考问题，突然意识到之前的观点和结论刚好反了。即陈久霖聘请国际知名事务所按照国际惯例制定风险管理制度，初心和动机都是好的，制定目的也是加快中航油（新加坡）公司（CAO）与国际接轨，并不是想让自己凌驾于制度之上。所以，不能以后来一次亏损的结果为基点倒推其间的过程和动机，从而否定陈久霖在风险管理领域开创新风气并身体力行的作用。

我与陈久霖并不认识，在中航油事件后，只是通过朋友了解过重组期间的一些情况。我为自己缺乏客观和处境化的考虑而内疚，也为此前人云亦云地把中航油事件作为负面典型而不安。当然，我并不是说这一切都是好的，而是中航油事件远比人们想象的要珍贵和有价值得多。不管是成功还是失败，CAO作为中资企业在那个特殊的时代去外国二次创业，中西方的观念、行为规范以及制度文化在那里交汇。而之后重组重建的意义比先前更大，特别是打造了一个现代企业管理从0到1的典范，对当下，特别是新冠疫情后企业的生存发展有着积极的警示和借鉴意义。

与此同时，当我查阅COSO不同版本的原文时，发现内控的确可以从不同角度去界定。这明确了我从外部监管看内控的思路，也解决了目前国内内控概念变化较快，与合规管理、风险控制、内部审计等不分的问题。即内控成为企业的内部管理，而发展战略成为也必须成为企业内部各项业务实践的"统帅"。在此基础上，不管企业性质如何，从监管的视角看，企业内控至少可以分成为监管、为生存、为传承、为梦想等 4 种类型，这就拓宽了以前以应对监管合规为主的内控的应用范围。

由此出发，我把本书的框架重新确定为"12345"，即 1 个从头至尾的企业（CAO），2 个案例（每章安排 2 个案例），3 个附录（附录一、附录二、附录三），4 种内控建设的类型（为监管、为生存、为传承、为梦想），5 点结论（内控源于会计又高于会计、企业做内控的动机多元化、监管能弥补内控局限并将之升华为企业管理、发展战略对内控具有统领作用、未来企业特别是中小企业会更多参与内控）。

本书的写作得到孙友文、沈阳、何兄等师友的大力支持，新西兰的会计师 Christy 也从会计实务等方面印证了我的思考，在此一并表示感谢。

附录一 COSO 企业风险管理整合框架

一、内部控制整合框架阶段

1.《内部控制——整合框架》（1992）

1992 年 9 月，COSO 委员会发布《内部控制——整合框架》指出了内控的定义、三个目标和五个要素。企业内控由董事会、经理层、员工实施，为财务报告可靠性，经营的效果和效率，法律、法规遵循性等目标的实现提供合理保证。内控三个目标分别为经营的效率与效果、财务报告的可靠性、相关法律法规的遵循性。内控五要素包括控制环境、风险评估、控制活动、信息与沟通、监控。

1994 年 COSO 委员会发布了补充报告，扩大了内控的范围，增加了与保障资产安全有关的控制。

2.《内部控制——整合框架》（2013）

2013 年 5 月，COSO 委员会颁布《企业风险管理——整合框架》（2013）及配套指南，主要内容包括一个定义、三个目标、五个要素和十七项原则。其中前三项内容与 1992 年的版本基本相同，差异在于内容上略有扩充。例如，经营的效率和效果目标中增加了环境保护、产品质量、客户和员工的满意度。

该版本对 1992 年版的整体框架予以完善，以五要素为基础，转为原则导向的制定思路，确定十七项原则，明确内控有效性的具体要求，扩大内控目标范围。

二、全面风险管理整合框架阶段

1.《企业风险管理——整合框架》（2004）

2004 年，COSO 委员会发布的《企业风险管理——整合框架》指出，《内部控制——整合框架》经过时间的检验，已经成为现行规则、法规和法律的基础，因此内控框架依然有效。《企业风险管理——整合框架》涵盖了《内部控制——整合框架》，但未取代《内部控制——整合框架》。《企业风险管理——整合框架》主要内容包括一个定义、四个目标、八个要素。

《企业风险管理——整合框架》指出风险管理是一个过程，由企业董事会、管理层、其他员工共同参与，应用于企业战略制定和企业内部各层次和部门，用于识别可能对企业造成潜在影响的事项并在风险偏好范围内管理风险的，为企业目标的实现提供合理保证的过程。

企业风险管理框架主要显示四个目标：战略目标、经营目标、报告目标和合规目标。

八个要素：内部环境、目标设定、事项识别、风险评估、风险应对、控制活动、信息与沟通、监控。

2.《企业风险管理——整合框架》（2017）

2017 年 9 月，COSO 委员会颁布《企业风险管理——与战略和绩效的整合》（2017），对 2004 年版的《企业风险管理——整合框架》予以完善，将 2004 年版的八要素构架改为五要素：治理和文化，设定战略和目标，绩效，审阅与修订，信息、沟通与报告。

2015 年 1 月，COSO 委员会颁布《网络时代的内部控制》，为企业应用 COSO 内控框架防范网络风险提供指导。

外国内控思想演化的特点主要如下。

（1）纳入内控的范围越来越广泛。目前的内控制度包括企业内部所有人员，内部牵制主要针对会计、财务、审计人员；到了《内部控制——

整合框架》（1992）阶段，内控已经涉及企业的各个层级和职能部门，形成了将董事会、管理层和其他人员都考虑在内的全面内控体系。

（2）风险评估的领域越来越复杂。内部牵制、内部会计控制、内部管理控制所涉及的风险评估方法主要针对会计、财务、审计领域。到《企业风险管理——整合框架》（2004）阶段，市场环境复杂多变，风险评估领域包括政治风险、文化风险、市场风险、信用风险等多个领域。

（3）越来越强调控制环境。自从 1988 年内控结构阶段引入了控制环境要素，对企业的风险管理理念、风险容量、诚信和道德价值观、胜任能力、伦理价值、企业文化等内容不断强化。

（4）内控的目标越来越多。内部牵制阶段的目标是账目正确和财产安全，而到了《企业风险管理——整合框架》（2004）阶段，内控的目标包括战略目标、经营目标、报告目标、合规目标等 4 个目标。

附录二　企业内部控制基本规范

财政部　证监会　审计署　银监会　保监会关于印发
《企业内部控制基本规范》的通知
财会〔2008〕7号

中直管理局，铁道部，国管局，总后勤部，武警总部，各省、自治区、直辖市、计划单列市财政厅（局）、审计厅（局），新疆生产建设兵团财务局、审计局，中国证监会各省、自治区、直辖市、计划单列市监管局，中国证监会上海、深圳专员办，各保监局、保险公司，各银监局、政策性银行、国有商业银行、股份制商业银行、邮政储蓄银行、资产管理公司，各省级农村信用联社，银监会直接管理的信托公司、财务公司、租赁公司，有关中央管理企业：

为了加强和规范企业内部控制，提高企业经营管理水平和风险防范能力，促进企业可持续发展，维护社会主义市场经济秩序和社会公众利益，根据国家有关法律法规，财政部会同证监会、审计署、银监会、保监会制定了《企业内部控制基本规范》，现予印发，自2009年7月1日起在上市公司范围内施行，鼓励非上市的大中型企业执行。执行本规范的上市公司，应当对本公司内部控制的有效性进行自我评价，披露年度自我评价报告，并可聘请具有证券、期货业务资格的会计师事务所对内部控制的有效性进行审计。

执行中有何问题，请及时反馈我们。

附件

企业内部控制基本规范

第一章　总则

第一条　为了加强和规范企业内部控制，提高企业经营管理水平和风险防范能力，促进企业可持续发展，维护社会主义市场经济秩序和社会公众利益，根据《中华人民共和国公司法》《中华人民共和国证券法》《中华人民共和国会计法》和其他有关法律法规，制定本规范。

第二条　本规范适用于中华人民共和国境内设立的大中型企业。

小企业和其他单位可以参照本规范建立与实施内部控制。

大中型企业和小企业的划分标准根据国家有关规定执行。

第三条　本规范所称内部控制，是由企业董事会、监事会、经理层和全体员工实施的、旨在实现控制目标的过程。

内部控制的目标是合理保证企业经营管理合法合规、资产安全、财务报告及相关信息真实完整，提高经营效率和效果，促进企业实现发展战略。

第四条　企业建立与实施内部控制，应当遵循下列原则：

（一）全面性原则。内部控制应当贯穿决策、执行和监督全过程，覆盖企业及其所属单位的各种业务和事项。

（二）重要性原则。内部控制应当在全面控制的基础上，关注重要业务事项和高风险领域。

（三）制衡性原则。内部控制应当在治理结构、机构设置及权责分配、业务流程等方面形成相互制约、相互监督，同时兼顾运营效率。

（四）适应性原则。内部控制应当与企业经营规模、业务范围、竞争状况和风险水平等相适应，并随着情况的变化及时加以调整。

（五）成本效益原则。内部控制应当权衡实施成本与预期效益，以适当的成本实现有效控制。

第五条　企业建立与实施有效的内部控制，应当包括下列要素：

（一）内部环境。内部环境是企业实施内部控制的基础，一般包括治理结构、机构设置及权责分配、内部审计、人力资源政策、企业文化等。

（二）风险评估。风险评估是企业及时识别、系统分析经营活动中与实现内部控制目标相关的风险，合理确定风险应对策略。

（三）控制活动。控制活动是企业根据风险评估结果，采用相应的控制措施，将风险控制在可承受度之内。

（四）信息与沟通。信息与沟通是企业及时、准确地收集、传递与内部控制相关的信息，确保信息在企业内部、企业与外部之间进行有效沟通。

（五）内部监督。内部监督是企业对内部控制建立与实施情况进行监督检查，评价内部控制的有效性，发现内部控制缺陷，应当及时加以改进。

第六条　企业应当根据有关法律法规、本规范及其配套办法，制定本企业的内部控制制度并组织实施。

第七条　企业应当运用信息技术加强内部控制，建立与经营管理相适应的信息系统，促进内部控制流程与信息系统的有机结合，实现对业务和事项的自动控制，减少或消除人为操纵因素。

第八条　企业应当建立内部控制实施的激励约束机制，将各责任单位和全体员工实施内部控制的情况纳入绩效考评体系，促进内部控制的有效实施。

第九条　国务院有关部门可以根据法律法规、本规范及其配套办法，明确贯彻实施本规范的具体要求，对企业建立与实施内部控制的情况进行监督检查。

第十条　接受企业委托从事内部控制审计的会计师事务所，应当根据本规范及其配套办法和相关执业准则，对企业内部控制的有效性进行审计，出具审计报告。会计师事务所及其签字的从业人员应当对发表的内部控制审计意见负责。

为企业内部控制提供咨询的会计师事务所，不得同时为同一企业提供内部控制审计服务。

<h2 style="text-align:center">第二章　内部环境</h2>

第十一条　企业应当根据国家有关法律法规和企业章程，建立规范的公司治理结构和议事规则，明确决策、执行、监督等方面的职责权限，形成科学有效的职责分工和制衡机制。

股东（大）会享有法律法规和企业章程规定的合法权利，依法行使企业经营方针、筹资、投资、利润分配等重大事项的表决权。

董事会对股东（大）会负责，依法行使企业的经营决策权。

监事会对股东（大）会负责，监督企业董事、经理和其他高级管理人员依法履行职责。

经理层负责组织实施股东（大）会、董事会决议事项，主持企业的生产经营管理工作。

第十二条　董事会负责内部控制的建立健全和有效实施。监事会对董事会建立与实施内部控制进行监督。经理层负责组织领导企业内部控制的日常运行。

企业应当成立专门机构或者指定适当的机构具体负责组织协调内部控制的建立实施及日常工作。

第十三条　企业应当在董事会下设立审计委员会。审计委员会负责审查企业内部控制，监督内部控制的有效实施和内部控制自我评价情况，协调内部控制审计及其他相关事宜等。

审计委员会负责人应当具备相应的独立性、良好的职业操守和专业胜任能力。

第十四条　企业应当结合业务特点和内部控制要求设置内部机构，明确职责权限，将权利与责任落实到各责任单位。

企业应当通过编制内部管理手册，使全体员工掌握内部机构设置、岗位职责、业务流程等情况，明确权责分配，正确行使职权。

第十五条 企业应当加强内部审计工作，保证内部审计机构设置、人员配备和工作的独立性。

内部审计机构应当结合内部审计监督，对内部控制的有效性进行监督检查。内部审计机构对监督检查中发现的内部控制缺陷，应当按照企业内部审计工作程序进行报告；对监督检查中发现的内部控制重大缺陷，有权直接向董事会及其审计委员会、监事会报告。

第十六条 企业应当制定和实施有利于企业可持续发展的人力资源政策。人力资源政策应当包括下列内容：

（一）员工的聘用、培训、辞退与辞职。

（二）员工的薪酬、考核、晋升与奖惩。

（三）关键岗位员工的强制休假制度和定期岗位轮换制度。

（四）掌握国家秘密或重要商业秘密的员工离岗的限制性规定。

（五）有关人力资源管理的其他政策。

第十七条 企业应当将职业道德修养和专业胜任能力作为选拔和聘用员工的重要标准，切实加强员工培训和继续教育，不断提升员工素质。

第十八条 企业应当加强文化建设，培育积极向上的价值观和社会责任感，倡导诚实守信、爱岗敬业、开拓创新和团队协作精神，树立现代管理理念，强化风险意识。

董事、监事、经理及其他高级管理人员应当在企业文化建设中发挥主导作用。

企业员工应当遵守员工行为守则，认真履行岗位职责。

第十九条 企业应当加强法制教育，增强董事、监事、经理及其他高级管理人员和员工的法制观念，严格依法决策、依法办事、依法监督，建立健全法律顾问制度和重大法律纠纷案件备案制度。

第三章 风险评估

第二十条 企业应当根据设定的控制目标，全面系统持续地收集相关信息，结合实际情况，及时进行风险评估。

第二十一条　企业开展风险评估，应当准确识别与实现控制目标相关的内部风险和外部风险，确定相应的风险承受度。

风险承受度是企业能够承担的风险限度，包括整体风险承受能力和业务层面的可接受风险水平。

第二十二条　企业识别内部风险，应当关注下列因素：

（一）董事、监事、经理及其他高级管理人员的职业操守、员工专业胜任能力等人力资源因素。

（二）组织机构、经营方式、资产管理、业务流程等管理因素。

（三）研究开发、技术投入、信息技术运用等自主创新因素。

（四）财务状况、经营成果、现金流量等财务因素。

（五）营运安全、员工健康、环境保护等安全环保因素。

（六）其他有关内部风险因素。

第二十三条　企业识别外部风险，应当关注下列因素：

（一）经济形势、产业政策、融资环境、市场竞争、资源供给等经济因素。

（二）法律法规、监管要求等法律因素。

（三）安全稳定、文化传统、社会信用、教育水平、消费者行为等社会因素。

（四）技术进步、工艺改进等科学技术因素。

（五）自然灾害、环境状况等自然环境因素。

（六）其他有关外部风险因素。

第二十四条　企业应当采用定性与定量相结合的方法，按照风险发生的可能性及其影响程度等，对识别的风险进行分析和排序，确定关注重点和优先控制的风险。

企业进行风险分析，应当充分吸收专业人员，组成风险分析团队，按照严格规范的程序开展工作，确保风险分析结果的准确性。

第二十五条　企业应当根据风险分析的结果，结合风险承受度，权衡风险与收益，确定风险应对策略。

企业应当合理分析、准确掌握董事、经理及其他高级管理人员、关键岗位员工的风险偏好，采取适当的控制措施，避免因个人风险偏好给企业经营带来重大损失。

第二十六条　企业应当综合运用风险规避、风险降低、风险分担和风险承受等风险应对策略，实现对风险的有效控制。

风险规避是企业对超出风险承受度的风险，通过放弃或者停止与该风险相关的业务活动以避免和减轻损失的策略。

风险降低是企业在权衡成本效益之后，准备采取适当的控制措施降低风险或者减轻损失，将风险控制在风险承受度之内的策略。

风险分担是企业准备借助他人力量，采取业务分包、购买保险等方式和适当的控制措施，将风险控制在风险承受度之内的策略。

风险承受是企业对风险承受度之内的风险，在权衡成本效益之后，不准备采取控制措施降低风险或者减轻损失的策略。

第二十七条　企业应当结合不同发展阶段和业务拓展情况，持续收集与风险变化相关的信息，进行风险识别和风险分析，及时调整风险应对策略。

第四章　控制活动

第二十八条　企业应当结合风险评估结果，通过手工控制与自动控制、预防性控制与发现性控制相结合的方法，运用相应的控制措施，将风险控制在可承受度之内。

控制措施一般包括：不相容职务分离控制、授权审批控制、会计系统控制、财产保护控制、预算控制、运营分析控制和绩效考评控制等。

第二十九条　不相容职务分离控制要求企业全面系统地分析、梳理业务流程中所涉及的不相容职务，实施相应的分离措施，形成各司其职、各负其责、相互制约的工作机制。

第三十条　授权审批控制要求企业根据常规授权和特别授权的规定，明确各岗位办理业务和事项的权限范围、审批程序和相应责任。

企业应当编制常规授权的权限指引，规范特别授权的范围、权限、程序和责任，严格控制特别授权。常规授权是指企业在日常经营管理活动中按照既定的职责和程序进行的授权。特别授权是指企业在特殊情况、特定条件下进行的授权。

企业各级管理人员应当在授权范围内行使职权和承担责任。

企业对于重大的业务和事项，应当实行集体决策审批或者联签制度，任何个人不得单独进行决策或者擅自改变集体决策。

第三十一条　会计系统控制要求企业严格执行国家统一的会计准则制度，加强会计基础工作，明确会计凭证、会计账簿和财务会计报告的处理程序，保证会计资料真实完整。

企业应当依法设置会计机构，配备会计从业人员。从事会计工作的人员，必须取得会计从业资格证书。会计机构负责人应当具备会计师以上专业技术职务资格。

大中型企业应当设置总会计师。设置总会计师的企业，不得设置与其职权重叠的副职。

第三十二条　财产保护控制要求企业建立财产日常管理制度和定期清查制度，采取财产记录、实物保管、定期盘点、账实核对等措施，确保财产安全。

企业应当严格限制未经授权的人员接触和处置财产。

第三十三条　预算控制要求企业实施全面预算管理制度，明确各责任单位在预算管理中的职责权限，规范预算的编制、审定、下达和执行程序，强化预算约束。

第三十四条　运营分析控制要求企业建立运营情况分析制度，经理层应当综合运用生产、购销、投资、筹资、财务等方面的信息，通过因素分析、对比分析、趋势分析等方法，定期开展运营情况分析，发现存在的问题，及时查明原因并加以改进。

第三十五条　绩效考评控制要求企业建立和实施绩效考评制度，科学设置考核指标体系，对企业内部各责任单位和全体员工的业绩进行定期考核和客观评价，将考评结果作为确定员工薪酬以及职务晋升、评优、降级、调岗、辞退等的依据。

第三十六条　企业应当根据内部控制目标，结合风险应对策略，综合运用控制措施，对各种业务和事项实施有效控制。

第三十七条　企业应当建立重大风险预警机制和突发事件应急处理机制，明确风险预警标准，对可能发生的重大风险或突发事件，制定应急预案、明确责任人员、规范处置程序，确保突发事件得到及时妥善处理。

第五章　信息与沟通

第三十八条　企业应当建立信息与沟通制度，明确内部控制相关信息的收集、处理和传递程序，确保信息及时沟通，促进内部控制有效运行。

第三十九条　企业应当对收集的各种内部信息和外部信息进行合理筛选、核对、整合，提高信息的有用性。

企业可以通过财务会计资料、经营管理资料、调研报告、专项信息、内部刊物、办公网络等渠道，获取内部信息。

企业可以通过行业协会组织、社会中介机构、业务往来单位、市场调查、来信来访、网络媒体以及有关监管部门等渠道，获取外部信息。

第四十条　企业应当将内部控制相关信息在企业内部各管理级次、责任单位、业务环节之间，以及企业与外部投资者、债权人、客户、供应商、中介机构和监管部门等有关方面之间进行沟通和反馈。信息沟通过程中发现的问题，应当及时报告并加以解决。

重要信息应当及时传递给董事会、监事会和经理层。

第四十一条　企业应当利用信息技术促进信息的集成与共享，充分发挥信息技术在信息与沟通中的作用。

企业应当加强对信息系统开发与维护、访问与变更、数据输入与输出、文件储存与保管、网络安全等方面的控制，保证信息系统安全稳定运行。

第四十二条　企业应当建立反舞弊机制，坚持惩防并举、重在预防的原则，明确反舞弊工作的重点领域、关键环节和有关机构在反舞弊工作中的职责权限，规范舞弊案件的举报、调查、处理、报告和补救程序。

企业至少应当将下列情形作为反舞弊工作的重点：

（一）未经授权或者采取其他不法方式侵占、挪用企业资产，牟取不当利益。

（二）在财务会计报告和信息披露等方面存在的虚假记载、误导性陈述或者重大遗漏等。

（三）董事、监事、经理及其他高级管理人员滥用职权。

（四）相关机构或人员串通舞弊。

第四十三条　企业应当建立举报投诉制度和举报人保护制度，设置举报专线，明确举报投诉处理程序、办理时限和办结要求，确保举报、投诉成为企业有效掌握信息的重要途径。

举报投诉制度和举报人保护制度应当及时传达至全体员工。

第六章　内部监督

第四十四条　企业应当根据本规范及其配套办法，制定内部控制监督制度，明确内部审计机构（或经授权的其他监督机构）和其他内部机构在内部监督中的职责权限，规范内部监督的程序、方法和要求。

内部监督分为日常监督和专项监督。日常监督是指企业对建立与实施内部控制的情况进行常规、持续的监督检查；专项监督是指在企业发展战略、组织结构、经营活动、业务流程、关键岗位员工等发生较大调整或变化的情况下，对内部控制的某一或者某些方面进行有针对性的监督检查。

专项监督的范围和频率应当根据风险评估结果以及日常监督的有效性等予以确定。

第四十五条　企业应当制定内部控制缺陷认定标准，对监督过程中发现的内部控制缺陷，应当分析缺陷的性质和产生的原因，提出整改方案，采取适当的形式及时向董事会、监事会或者经理层报告。

内部控制缺陷包括设计缺陷和运行缺陷。企业应当跟踪内部控制缺陷整改情况，并就内部监督中发现的重大缺陷，追究相关责任单位或者责任人的责任。

第四十六条　企业应当结合内部监督情况，定期对内部控制的有效性进行自我评价，出具内部控制自我评价报告。

内部控制自我评价的方式、范围、程序和频率，由企业根据经营业务调整、经营环境变化、业务发展状况、实际风险水平等自行确定。

国家有关法律法规另有规定的，从其规定。

第四十七条　企业应当以书面或者其他适当的形式，妥善保存内部控制建立与实施过程中的相关记录或者资料，确保内部控制建立与实施过程的可验证性。

第七章　附则

第四十八条　本规范由财政部会同国务院其他有关部门解释。

第四十九条　本规范的配套办法由财政部会同国务院其他有关部门另行制定。

第五十条　本规范自 2009 年 7 月 1 日起实施。

附录三　内部控制相关政策文件索引目录

1.《企业内部控制基本规范》（2008）

2.《关于印发企业内部控制配套指引的通知》（2010）

3.《企业内部控制应用指引第 1 号——组织架构》（2010）

4.《企业内部控制应用指引第 2 号——发展战略》（2010）

5.《企业内部控制应用指引第 3 号——人力资源》（2010）

6.《企业内部控制应用指引第 4 号——社会责任》（2010）

7.《企业内部控制应用指引第 5 号——《企业文化》（2010）

8.《企业内部控制应用指引第 6 号——资金活动》（2010）

9.《企业内部控制应用指引第 7 号——采购业务》（2010）

10.《企业内部控制应用指引第 8 号——资产管理》（2010）

11.《企业内部控制应用指引第 9 号——销售业务》（2010）

12.《企业内部控制应用指引第 10 号——研究与开发》（2010）

13.《企业内部控制应用指引第 11 号——工程项目》（2010）

14.《企业内部控制应用指引第 12 号——担保业务》（2010）

15.《企业内部控制应用指引第 13 号——业务外包》（2010）

16.《企业内部控制应用指引第 14 号——财务报告》（2010）

17.《企业内部控制应用指引第 15 号——全面预算》（2010）

18.《企业内部控制应用指引第 16 号——合同管理》（2010）

19.《企业内部控制应用指引第 17 号——内部信息传递》（2010）

20.《企业内部控制应用指引第 18 号——信息系统》（2010）

21.《企业内部控制评价指引》（2010）

22.《企业内部控制审计指引》（2010）

23.《关于印发企业内部控制规范体系实施中相关问题解释第 1 号的通知》（2012）

24.《关于印发企业内部控制规范体系实施中相关问题解释第 2 号的通知》（2012）

25.《关于 2012 年主板上市公司分类分批实施企业内部控制规范体系的通知》（2012）

26.《行政事业单位内部控制规范（试行）》（2012）

27.《小企业内部控制规范（试行）》（2017）

28.《石油石化行业内部控制操作指南》（2013）

29.《电力行业内部控制操作指南》（2014）

30.《管理会计应用指引第 700 号——风险管理》（2018）

31.《管理会计应用指引第 701 号——风险矩阵》（2018）

32.《关于加快构建中央企业内部控制体系有关事项的通知》（2012）

33.《关于加强中央企业内部控制体系建设与监督工作的实施意见》（2019）

34.《关于做好 2020 年中央企业内部控制体系建设与监督工作有关事项的通知》（2019）

35.《第 3205 号内部审计实务指南——信息系统审计》（2021）